Sigmund Freud

dargestellt von Hans-Martin Lohmann

Rowohlt

rowohlts monographien begründet von Kurt Kusenberg
herausgegeben von Wolfgang Müller und Uwe Naumann

Redaktionsassistenz: Katrin Finkemeier
Umschlaggestaltung: Walter Hellmann
Umschlagvorderseite: Sigmund Freud, etwa 1912
(Österreichische Nationalbibliothek, Bildarchiv, Wien)
Umschlagrückseite: Sigmund Freud an seinem Schreibtisch, etwa 1914.
Aquatintaradierung von Max Pollack
(Österreichische Nationalbibliothek, Bildarchiv, Wien)
Frontispiz: Sigmund Freud, 1938. Foto von Marie Bonaparte

Dieser Band ersetzt die 1971 erschienene Monographie
über Sigmund Freud von Octave Mannoni

Originalausgabe
Veröffentlicht im Rowohlt Taschenbuch Verlag GmbH,
Reinbek bei Hamburg, Januar 1998
Copyright © 1998 by Rowohlt Taschenbuch Verlag GmbH,
Reinbek bei Hamburg
Alle Rechte an dieser Ausgabe vorbehalten
Satz Times PostScript Linotype Library, QuarkXPress 3.32
Gesamtherstellung Clausen & Bosse, Leck
Printed in Germany
1290-ISBN 3 499 50601 7

Inhalt

Stephansplatz und Dom in Wien, 1903

1
Der Mann und sein Werk
Ein biographischer Abriß als Abriß der Psychoanalyse

Ein jugendlicher Ödipus.
Lehrjahre des Gefühls
(1856–1886)

Die äußere Biographie Sigmund Freuds – sehr im Gegensatz zu seiner inneren, die alle Züge des Dramatischen trägt – war aufs Ganze
gesehen wenig spektakulär und auffällig. Zehn Jahre vor seinem Tod
erklärte er Edward Bernays gegenüber, sein Leben sei *äußerlich ruhig
und inhaltslos verlaufen und mit wenigen Daten zu erledigen*[1]. Freuds
Biograph Peter Gay ergänzt diese Mitteilung lakonisch: «Er wurde
geboren, er studierte, er reiste, er heiratete, er praktizierte, er hielt
seine Vorlesungen, er publizierte, er disputierte, er alterte, er starb.»[2]
Dazu paßt, daß Freud praktisch sein gesamtes Leben, 78 Jahre, in
Wien verbrachte, in einer Stadt, der er in einer heftigen Haßliebe verbunden war. Als er sie kurz vor seinem Tod verlassen mußte, schrieb
er: *Das Triumphgefühl der Befreiung vermengt sich zu stark mit der
Trauer, denn man hat das Gefängnis, aus dem man entlassen wurde,
immer noch sehr geliebt.*[3] Dem Unspektakulären in Freuds beruf-
licher wie privater Existenz entspricht die stets präsente wienerische
Urbanität, in deren Atmosphäre ein Werk heranwuchs und reifte, das
zwar nichts spezifisch Wienerisches an sich hat, das aber nun einmal
in einer europäischen Metropole wurzelt, für die Freud ungewöhnlich intensive Gefühle hegte.

Sigismund Schlomo Freud, so der väterliche Eintrag in die Familien-
bibel, wurde am 6. Mai 1856, im Todesjahr seines Lieblingsdichters
Heinrich Heine, in dem mährischen Städtchen Freiberg (heute Příbor)
geboren. Sein Vater Kallamon Jacob Freud, ein ärmlicher jüdischer
Wollhändler, hatte 1855 in dritter Ehe[4] die zwanzig Jahre jüngere
Amalia Nathanson geheiratet, die ihm nach Sigmund (wie er sich bald
nannte) sieben weitere Kinder schenkte.

Wenn man sich klarmacht, welche Rolle familiäre Beziehungen und Verstrickungen, das ödipale Dreieck und die später damit verknüpften Phantasien in Freuds ausgearbeiteter psychoanalytischer Theorie spielen, verwundert es nicht, daß die familiären Verhältnisse, unter denen das Kind Sigmund aufwuchs, äußerst kompliziert waren. Seine Mutter Amalia war jünger als Emanuel, der älteste Sohn Jacobs aus erster Ehe, der bereits verheiratet war und seinerseits Kinder hatte, und nur wenig älter als Sigmunds zweiter Halbbruder, der Junggeselle Philipp. Aus der Sicht des Kindes mochte es plausibel scheinen, daß die ungefähr gleichaltrigen Emanuel, Philipp und Amalia eher zueinander paßten als der wesentlich ältere Jacob zu seiner jungen und attraktiven Frau. Tatsächlich hat Freud in seiner *Psychopathologie des Alltagslebens* den Hinweis geliefert, daß der noch nicht Dreijährige bei der Geburt seiner Schwester Anna die Vorstellung hatte, daß nicht Jacob, sondern Philipp das Schwesterchen, die Rivalin bei der Mutter, in deren Leib *hineinpraktiziert*[5] haben könnte. Für das Kind muß es verwirrend gewesen sein, daß seine beiden Halbbrüder der Mutter irgendwie näherstanden als der Vater, daß dieser ohne weiteres sein Großvater hätte sein können und daß einer der Söhne Emanuels, John, Freuds erster Spielgefährte, ein Jahr älter war als er, der Onkel. Das, wahrlich, bildete Stoff genug für einen *Familienroman*[6], und die Freud-Biographik hat sich diesen spannenden Casus denn auch nicht entgehen lassen.[7]

Zu den familiären Verwicklungen, die Freuds Freiberger Jahre prägten, zählt zweifellos auch der Umstand, daß die Eltern eine Kinderfrau einstellten, jene *prähistorische Alte*[8], von der Freud in der *Traumdeutung* berichtet. Diese Kinderfrau, eine katholische Tschechin, war, so erinnerte sich Freud in einem Brief an Wilhelm Fließ vom 3. Oktober 1897, also zur Zeit seiner «Krise», als er die Verführungstheorie aufzugeben bereit war, *meine Lehrerin in sexuellen Dingen und hat geschimpft, weil ich ungeschickt war, nichts gekonnt habe [...]. Außerdem hat sie mich mit rötlichem Wasser gewaschen, in dem sie sich früher gewaschen hatte [...], und mich veranlaßt, «Zehner» [10-Kreuzer-Stücke] wegzunehmen, um sie ihr zu geben.*[9] Freuds geliebte Kinderfrau füllte jene Lücke aus, die seine Mutter hinterließ, als sie ihren zweiten, Tb-kranken Sohn Julius zur Welt brachte, der ein halbes Jahr später, im April 1858, starb. Einen Monat früher war Amalias jüngerer Bruder Julius in Wien gestorben. Noch im selben Jahr kam Freuds Mutter mit ihrer Tochter Anna nieder. Wenn man sich vor Augen hält, daß Amalia damals, während Sigmund im zweiten und dritten Lebensjahr stand, durch zwei Schwangerschaften, zwei Geburten und zwei Todesfälle belastet war, dann ist evident, daß die Kinderfrau eine regelrecht lebensrettende Funktion für Freud gehabt haben muß. Durch ihre Zuwendung half sie dem Kind, mit der Tatsache, eine zeitweise depressive «tote Mutter» (André Green) zu haben, an der sein Bedürfnis nach Halt und Sinn abprallte, besser fertig zu werden. Die Kinderfrau wurde um die Zeit der Geburt Annas wegen Diebstahls angezeigt und von der Familie entlassen. Ihr Weggang traf den noch nicht dreijährigen Sigmund unvorbereitet, und er weinte *wie verzweifelt*[10], zugleich fürchtend, auch seine Mutter könnte ihm verlorengehen – *fort sein* und *gestorben sein*[11] sind für ein kleines Kind gleichbedeutend. Rund vierzig Jahre später sollte Freud schreiben, er werde *dem Andenken des alten Weibes dankbar sein, das mir in so früher Lebenszeit die Mittel zum Leben und Weiterleben vorbereitet hat*[12].

Wenn diese biographische Episode hier so relativ ausführlich gewürdigt wird, so einmal deshalb, weil sie in der «Krise» der Freudschen Theoriebildung von 1896/97, nach dem Tod von Freuds Vater, eine bedeutsame Rolle bei der «Erfindung» der Psychoanalyse spielte, zum anderen, weil auffällig ist, daß sich Freud später für Männer interessierte und sich mit ihnen identifizierte, die zwei Mütter hatten: Ödipus, Leonardo da Vinci, Michelangelo und Moses[13]. Ödipus wurde aufgrund eines Orakelspruchs von seiner Mutter entfernt und wuchs an einem fremden Königshof auf. Leonardo wurde von seiner Mutter wahrscheinlich nur ein bis zwei Jahre lang versorgt und dann einer Ersatzmutter in Obhut gegeben. Michelangelo kam einen Monat nach seiner Geburt zu einer Stillamme, seine Mutter starb, als er sechs Jahre alt war. Moses wurde von seiner Mutter ausgesetzt, von der Tochter des Pharao gefunden und am Hof großgezogen. Allen diesen mythologischen und historischen Gestalten hat Freud in seinem Werk eindringliche Reflexionen gewidmet und ihnen Bedeutungen zugeschrieben, die Rückschlüsse auf sein Bild sowohl von Väterlichkeit und Männlichkeit zulassen als auch von Mütterlichkeit und Weiblichkeit.[14]

Wenn der Verlust der Kinderfrau für den präödipalen Jungen womöglich traumatischer Natur war, so werden es seine Erfahrungen mit der zeitweise abwesenden oder überforderten Mutter nicht minder gewesen sein. In der Literatur wird Amalia Freud einesteils als liebevolle, mütterliche, wärmespendende Person charakterisiert und daraus der Schluß gezogen, die Beziehung zwischen Mutter und Sohn sei ebenso liebevoll und warm gewesen[15]; andererseits gibt es Darstellungen, die Zweifel daran aufkommen lassen und auf Amalias fordernde, egoistische und dominante Art und auf starke Ambivalenzgefühle des Kindes gegenüber der Mutter hinweisen.[16] Feststeht, daß Freud sich verhältnismäßig selten und zurückhaltend über seine Mutter geäußert hat – und wirklich liebevoll noch seltener. Eher herrscht bei ihm ein Ton der Distanz vor: Nicht Freud liebte seine Mutter, sondern sie ihn, den begabten Erstgeborenen: *Wenn man der unbestrittene Liebling der Mutter gewesen ist, so behält man fürs Leben jenes Eroberergefühl, jene Zuversicht des Erfolges, welche nicht selten wirklich den Erfolg nach sich zieht.*[17] Und in einer später in die *Traumdeutung* aufgenommenen Fußnote heißt es: *Ich habe gefunden, daß die Personen, die sich von der Mutter bevorzugt oder ausgezeichnet wissen, im Leben jene besondere Zuversicht zu sich selbst, jenen unerschütterlichen Optimismus bekunden, die nicht selten als heldenhaft erscheinen und den wirklichen Erfolg erzwingen.*[18] Eine «herzliche Ehrerbietung von seiten des Sohnes», wie sie Freuds Vertrauensarzt Max Schur bezeugt[19], ist keineswegs gleichbedeutend mit Liebe, und auch andere Quellen sprechen eher von Distanz und Respekt als von starken Liebesgefühlen. Schon der Sechzehnjährige formulierte in einem Brief an den Freund Eduard Silberstein erhebliche Zweifel an den mütterlichen Qualitäten Amalias: *Andere Mütter – und warum verbergen, daß die unsrigen darunter sind? [...] – kümmern sich nur um die leiblichen Angelegenheiten ihrer Söhne, über die geistige Entwicklung derselben ist ihnen die Kontrolle aus der Hand genommen.*[20] Schließlich darf die denkwürdige Tatsache nicht unterschlagen werden, daß der Sohn, als Amalia im Jahre 1930 hochbetagt starb, sich weigerte, beim Begräbnis persönlich anwesend zu sein. Statt dessen schickte er seine Tochter Anna zur Beerdigung, woraus man den psychologischen Schluß ziehen kann, daß der Sohn gemäß dem Talionsgesetz ebendas vollstreckte, was seine Mutter ihm einst angetan hatte: Er schickte einen «Ersatzsohn», so wie seine Mutter ihn während einer entscheidenden Phase seiner Kindheit vorwiegend der Obhut einer Ersatzmutter anvertraut hatte – Auge um Auge, Zahn um Zahn. Vielleicht darf man aus diesen Zeugnissen den vorsichtigen Schluß ziehen, daß Freud seine unbewußten Bindungen an diese stets ambivalent besetzte Mutterfigur[21] nie wirklich durchgearbeitet hat und daß die in seinem Werk eigentümlich fehlbelichtete Weiblichkeit, die er als alter Mann in die Metapher des *dark continent*[22] bannte, Konsequenz jenes mythologischen Geheimnisses war, welches er mit der Gestalt der Mutter und der Frau zeitlebens verband. Ist es Zufall, daß er seine Verlobte Martha Bernays einmal *Cordelia*[23] nannte, seine Tochter *meine treue Anna-Antigone*?[24] Der Mann Freud – «ein schwacher, kind'scher, alter Mann», ein Blinder.[25]

Mit dem Vater, um 1864

Das Verhältnis Freuds zu seinem Vater scheint weniger opak gewesen zu sein als das zu seiner Mutter. Jacob, ein alles in allem eher erfolgloser Geschäftsmann, der offenbar fast ständig auf die finanzielle Hilfe anderer – etwa der nach England ausgewanderten Söhne Emanuel und Philipp – angewiesen war, selber zwar jüdisch-orthodox erzogen, aber in späteren Jahren ein Freigeist, wird vom Sohn als Mann *von tiefer Weisheit und phantastisch leichtem Sinn* beschrieben, als ein *interessanter Mensch, innerlich sehr glücklich*, mit *Anstand und Würde*.[26] Als Sigmund älter war und die Familie längst in Wien lebte,

11

nahm ihn der·Vater auf seine Spaziergänge mit, um *mir in Gesprächen seine Ansichten über die Dinge der Welt zu eröffnen. So erzählte er mir einmal, um mir zu zeigen, in wieviel bessere Zeiten ich gekommen sei als er: Als ich ein junger Mensch war, bin ich in deinem Geburtsort am Samstag in der Straße spazieren gegangen, schön gekleidet, mit einer Pelzmütze auf dem Kopf. Da kommt ein Christ daher, haut mir mit einem Schlag die Mütze in den Kot, und ruft dabei: Jud, herunter vom Trottoir! «Und was hast du getan?» Ich bin auf den Fahrweg gegangen und habe die Mütze aufgehoben, war die gelassene Antwort.*[27] Der Sohn sollte diese gelassene Demut nie erwerben, stets bekannte er sich stolz und militant zu seinem Judentum, auch wenn er ein «Atheist strengster Observanz» war.[28] Freuds frühe Identifizierung mit dem Punier (das heißt dem Semiten) Hannibal hängt mit diesem Vorfall zusammen. Bekanntlich ließ Hannibals Vater seinen Sohn schwören, an den Römern Rache zu nehmen – Freud tat sich lange schwer, nach Rom zu reisen, an jenen Ort, der das Zentrum der – antisemitischen – Christenheit bildet. Man kann seine Hannibal-Phantasie auch dahingehend deuten, daß er sich auf diese Weise mit einer mächtigen Gestalt identifizieren konnte, deren Ruhm größer war als der ihres Vaters – das ödipale Moment, der Triumph des größeren Sohnes über den großen Vater, ist deutlich auszumachen.[29]

Jacob Freud muß ein umgänglicher und freundlicher Mann gewesen sein, aber er war auch der Patriarch der Familie, der über alles bestimmte – ein Zug, den der Sohn ziemlich ungebrochen fortsetzte. War der Vater für ihn auch eine strafende und drohende Instanz? Es gibt die Spekulation, daß Jacob dem kleinen Sigmund verbot, an seinem Genital zu spielen, und ihm womöglich die Kastration androhte, auch daß Jacob seine älteren Söhne nicht zuletzt deshalb nach England schickte, um Philipp und Amalia auseinanderzubringen, das heißt, um Philipp für seine Triebhaftigkeit zu bestrafen.[30] Mag sein, daß in diesen familialen Szenen jenes Thema schemenhaft aufscheint, das in der entfalteten psychoanalytischen Theorie Freuds einen Eckpfeiler bildet: die Macht der Sexualität, die *Tatsache geschlechtlicher Bedürfnisse bei Mensch und Tier*[31] und die sich daraus für den ersteren ergebende Notwendigkeit, seine Triebe zu zügeln, um der Kastration und Vernichtung durch den Vater zu entgehen. So ist es nicht unplausibel zu vermuten, Freuds in *Totem und Tabu* entworfenes Bild der Urhorde, der sich gegen die sexuelle Diktatur des Vaters auflehnenden Söhne, gehe auf Erfahrungen in der eigenen Familie zurück.[32]

Freiberg (Příbor), um 1880

Aufgrund wachsender wirtschaftlicher Schwierigkeiten Jacobs zog die Familie, nach einer kurzen Leipziger Episode, 1860 nach Wien um. Freiberg, der Ort seiner frühen Kinderjahre, blieb für Freud ein Traum. Noch 1931, anläßlich der Enthüllung einer Gedenktafel an seinem Geburtshaus in Příbor, bekannte er: *tief in mir überlagert, lebt noch immer fort das glückliche Freiberger Kind, der erstgeborene Sohn einer jugendlichen Mutter, der aus dieser Luft, aus diesem Boden die ersten unauslöschlichen Eindrücke empfangen hat*[33]. In der Hauptstadt der k. u. k. Monarchie, die in den fünfziger und sechziger Jahren vom Geist eines reformerischen Liberalismus durchweht war, der nicht zuletzt der jüdischen Bevölkerung zugute kam, besuchte Freud offenbar zunächst eine Privatschule, um sodann auf das Leopoldstädter Communal-Realgymnasium zu wechseln, an dem er mit siebzehn das Abitur ablegte – mit Auszeichnung, wie es sich für einen frühreifen Klassenprimus gehörte. Schon der Gymnasiast beherrschte, was auch seinen Lehrern auffiel, die deutsche Sprache in bemerkenswerter Vollendung, von Freud in einem Jugendbrief ironisch so kommentiert: *Mein Professor sagte mir [...] – und er ist der erste Mensch, der*

13

Mit der Mutter, 1872

sich untersteht, mir das zu sagen –, daß ich hätte, was Herder so schön einen idiotischen Stil nennt, das ist einen Stil, der zugleich korrekt und charakteristisch ist.[34] Bereits damals zeichnete sich augenscheinlich ab, daß Freud das Zeug zu einem bedeutenden Schriftsteller hatte, der er dann ja auch wurde. Die deutsche Sprache war das Haus, in dem Freud zeitlebens wohnte und dem er sich tief und leidenschaftlich verbunden fühlte.

Der stolze und selbstbewußte Erstgeborene erlebte jene Förderung seiner Talente, welche ehrgeizige und von den Fähigkeiten ihres Sohnes überzeugte Eltern zu entfalten pflegen. Dahinter standen die jüngeren Geschwister, allen voran die Schwestern, in jeder Hinsicht zurück. Freuds Schwester Anna hat überliefert, daß der Jüngling stets ein eigenes Zimmer hatte, so beschränkt die Lebensumstände der Familie auch sein mochten. Als deren erklärter Liebling, dem Großes zugetraut wurde, genoß Freud allerhand Privilegien.

Den Wunsch, angeregt durch seinen Jugendfreund Heinrich Braun – später ein bekannter österreichischer Politiker –, in die Politik zu gehen, gab Freud rasch zugunsten des Medizinstudiums auf. Im Herbst 1873 schrieb er sich an der Wiener Universität ein, wo er spät, im März 1881, promoviert wurde. In die frühen siebziger Jahre fällt auch Freuds erste Liebe, seine juvenile Zuneigung zu Gisela Fluss, der Schwester seines Schulfreundes Emil Fluss. Die Korrespondenz mit dem Jugendfreund Silberstein läßt freilich erkennen, daß diese Gefühle weniger dem Mädchen als vielmehr ihrer Mutter galten, von deren Reizen er in einer Art verspäteter ödipaler Verliebtheit ausführlich schwärmte und die er sogar gegen seine eigene Mutter ausspielte.[35] Daß die in den Silberstein-Briefen als *Ichthyosaura*[36] verschlüsselte Person, für die der adoleszente Freud ebenfalls starke Worte fand, identisch mit Gisela Fluss ist, gehört in den Bereich der Legende.[37] Es war noch eine andere junge Frau im Spiel, von der wir kaum etwas wissen, eine Frau, die für Freud die handfest-irdische Seite der Liebe verkörperte – eine für ihn bedrohliche Seite, die er abwehren und bekämpfen mußte.

Denn der Wille zum Wissen und der Wunsch, ein berühmter Mann oder doch wenigstens ein ordentlicher Professor zu werden, waren bei Freud stärker. Mehr Forscher als Student, ein *gottloser Mediziner und Empiriker*[38], der sich nach einem episodischen Ausflug in die Philosophie rasch ganz von solcher Art «Spekulation» abkehrte, weshalb er auch später gewisse Probleme damit hatte, den Einfluß von Philosophen, namentlich von Nietzsche, auf seine Theorien einzubekennen[39], wandte Freud sich zunächst dem Gebiet der Zoologie

Ernst Wilhelm von Brücke
(1819–1892)

zu, auf dem er offenbar so Beachtliches leistete, daß ihm vom Unterrichtsministerium zweimal ein Stipendium gewährt wurde. Das Geld floß in zwei Studienreisen nach Triest, wo er an der Zoologischen Station eine Untersuchung über männliche Flußaale durchführte, deren Ergebnis 1877 publiziert wurde und die einen Gedanken, den der Intersexualität, enthielt, über deren Folgen weder er selbst noch seine Lehrer sich im klaren waren.

Unzufrieden mit seinen zoologischen Forschungen, vielleicht auch mit seinem Lehrer Carl Claus, der in Freuds autobiographischen Schriften nirgends auftaucht, wechselte der Student die Richtung und schloß sich zwischen 1876 und 1882 dem physiologischen Institut an, das von dem berühmten Gelehrten Ernst Wilhelm von Brücke geleitet wurde. Brücke, ein führender Vertreter der Helmholtz-Schule und radikaler Verfechter eines medizinischen Positivismus, der sich erfolgreich gegen den um die Mitte des Jahrhunderts blühenden Vitalismus wandte, war eine der wenigen Figuren, die Freuds wissenschaftliche Anschauungen lebenslang bestimmten. *Im physiologischen Laboratorium von Ernst Brücke fand ich endlich Ruhe und volle Befriedigung*, heißt es in der «*Selbstdarstellung*» von 1925[40]; Brücke sei die größte Autorität gewesen, *die je auf mich gewirkt hat*[41]. Freuds Bindung an Brücke überlebte selbst seine Wendung von den physiologischen zu den psychologischen Erklärungen geistig-seelischer Phänomene, und wenn er noch 1932 schreiben konnte, die Psychoanalyse sei *ein Stück Wissenschaft und kann sich der wissenschaftlichen Weltanschauung anschließen*[42], so ist dies als eine späte Hommage an seinen Lehrer Brücke zu verstehen. Freuds gesamte Psychologie – das ist später oft heruntergespielt worden – steht im Bann eines Wissenschaftsverständnisses, wie es in der zweiten Hälfte des 19. Jahrhunderts von Männern wie Darwin, Du Bois-Reymond, Helmholtz, Brücke und Virchow geprägt und propagiert wurde. Man wird sehen, wie sich dies auf die Konzeption der Psychoanalyse auswirken sollte.

Die glücklichen Jahre an Brückes Institut wurden lediglich durch den einjährigen Militärdienst unterbrochen, den Freud 1879/80 ableisten mußte. Die Langeweile des Militärlebens verkürzte er sich nicht zuletzt damit, daß er einige Schriften von John Stuart Mill ins Deutsche übersetzte, darunter dessen Essay über die Frauenemanzipation, vor dessen Inhalten er seine spätere Frau dringend warnte.

Mit 26 Jahren war Freud beides, arm und verliebt – ein unhaltbarer Zustand. Auf Brückes wohlmeinenden Rat hin, *die theoretische Laufbahn aufzugeben*[43] (und damit auch seinen Professorenwunsch), ent-

Hof im Allgemeinen Krankenhaus, Wien

schloß er sich vermutlich nicht leichten Herzens, eine Stelle am Wiener Allgemeinen Krankenhaus anzutreten, zunächst als Aspirant, dann als Sekundararzt. Freuds allgemein *schlechte materielle Lage*[44] mochte ein Grund sein, Geld zu verdienen. Ein anderer, und wohl gewichtigerer, war, daß er Martha Bernays kennengelernt und sich Hals über Kopf in sie verliebt hatte. Martha, fünf Jahre jünger als Freud, stammte aus einer alten und kultivierten jüdischen Familie in Hamburg. Ihr Großvater Isaak Bernays war Großrabbiner von Hamburg gewesen; zu ihrer Familie zählten bedeutende Gelehrte wie der Altphilologe Jakob Bernays. Da Martha, mit der Freud sich im Juni 1882 verlobte, aus einer zwar angesehenen, aber ebenfalls mittellosen Familie stammte, führte kein Weg an einer beruflichen Tätigkeit vorbei. So wurde Freud Kliniker, und gewiß kein begeisterter, um dereinst einen bürgerlichen Haushalt gründen zu können. Ein Bohemien-Dasein ohne Regelmäßigkeiten und Sicherheiten, wie es etwa Jenny und Karl Marx führten, kam für einen konventionellen Mann wie Freud nicht in Frage.

Mit seiner Tätigkeit am Allgemeinen Krankenhaus, zwar schlecht bezahlt, verfolgte Freud vor allem das Ziel, sich durch den Erwerb klinischer Praxis auf eine Existenz als niedergelassener Arzt vorzubereiten. Neben dieser Tätigkeit blieb ihm, dem ambitionierten Forscher und Wissenschaftler, immer noch genügend Zeit, seinem Wissensdrang zu gehorchen und seine Kenntnisse auf verschiedenen Feldern der Medizin zu vertiefen – wobei freilich die Spezialisierung auf die Neuropathologie deutlich im Mittelpunkt stand. Zunächst arbeitete Freud in der Abteilung des renommierten Internisten Hermann Nothnagel und wechselte im Mai 1883 an die Klinik des nicht minder renommierten Hirnanatomen und Psychiaters Theodor Meynert – von beiden wohlwollend gefördert. Wie selbstbewußt Freud, der doch erst am Beginn einer noch unsicheren beruflichen und wissenschaftlichen Karriere stand, zu jener Zeit bereits war, geht aus einer brieflichen Äußerung gegenüber seiner Verlobten hervor: *Ich weiß aber, […] daß ich unter günstigen Bedingungen mehr leisten könnte als Nothnagel, dem ich mich weit überlegen glaube.*[45] Solches Selbstbewußtsein und Überlegenheitsgefühl sollte Freud sein Leben lang begleiten, und wir haben gesehen, daß er es gerne mit seiner frühen bevorzugten Stellung bei seiner Mutter in Verbindung brachte. Als er im Januar 1885 die Habilitation und damit die Stellung eines Privatdozenten an der Wiener Universität anstrebte, hatte er denn auch keinerlei Probleme, sich der Empfehlungen seines alten Lehrers Brücke sowie Meynerts und Nothnagels zu versichern. Das

Die Verlobten Sigmund Freud und Martha Bernays, 1885

Ministerium zögerte nicht, Freuds Ernennung zum Dozenten umgehend zu bestätigen. Sein weiterer Weg schien nun klar vor ihm zu liegen. Die Dozentur versprach eine gutgehende spezialärztliche Praxis und stellte wissenschaftlichen Gewinn in Aussicht.

Es waren gleichwohl harte, entbehrungsreiche Jahre, die Freud durchmachte. Nicht als «other Victorian» (Steven Marcus) wie jener anonyme Autor von «My Secret Life», der sich glaubwürdigen Untersuchungen zufolge alle von ihm beschriebenen sexuellen Eskapaden selber geleistet haben soll, eher als streng erzogener Wiener Viktorianer, für den vor-, später außereheliche geschlechtliche Freuden tabu waren, durchlitt der angehende Nervenarzt vier endlos lange Verlobungsjahre in, so gibt es Grund zu vermuten, vollkommener Enthaltsamkeit. Wieviel Zorn und Erbitterung der Zwang zur Unterdrückung seines sexuellen Begehrens in Freud hervorrief, wissen wir aus seinen Brautbriefen: *[…] ich bin ja nur ein halber Mensch im Sinne der alten platonischen Fabel, die Du gewiß kennst, und meine Schnittfläche schmerzt mich, sobald ich außer Beschäftigung bin.* Und fast im selben Atemzug, in einer Aufwallung von Empörung und Verachtung gegen die, die ohne Skrupel und Gewissen ihren Vergnügungen nachgehen, heißt es: *Wir entbehren, um unsere Integrität zu erhalten, wir sparen mit unserer Gesundheit, unserer Genußfähigkeit, unseren Erregungen, wir heben uns für etwas auf, wissen selbst nicht für was – und diese Gewohnheit der beständigen Unterdrückung natürlicher Triebe gibt uns den Charakter der Verfeinerung. […] So geht unser Bestreben mehr dahin, Leid von uns abzuhalten, als uns Genuß zu verschaffen, und in der höchsten Potenz sind wir Menschen wie wir beide, die sich mit den Banden von Tod und Leben aneinander ketten, die jahrelang entbehren und sich sehnen, um einander nicht untreu zu werden […].*[46] Freuds leidenschaftlicher Ausbruch, von tiefer Verzweiflung und stolzer Überlegenheit gleichermaßen geprägt, enthält eine Reihe von emotionalen Elementen, die in seinen späteren Theorien eine zentrale Rolle spielen. Als er in den neunziger Jahren seine Gedanken zur sexuellen Ätiologie der Neurosen niederlegte und dann mit sexualreformerischen Bestrebungen nach freizügigerem Umgang mit der Sexualität sympathisierte, hatte er die harten Erfahrungen seiner Verlobungszeit im Rücken. Als er das Konzept der Sublimierung der Triebe formulierte, konnte er auf diese reale Lebenserfahrung zurückgreifen. Das Motiv schließlich, nicht so sehr eigene Lust zu suchen als vielmehr *Unlust zu vermeiden*[47], ist nachgerade ein Leitmotiv des gesamten Freudschen Werkes.

Das bißchen Cocain, was ich genommen habe, macht mich ge-

Von Freud ausgestelltes
Kokainrezept

schwätzig, Weibchen.[48] Auch im Abstand von mehr als einem Jahrhundert hat die sogenannte Kokain-Episode nichts von ihrem skandalisierenden Effekt verloren, und die Freud-Biographen – von Bernfeld über Jones und Eissler bis hin zu Gay – tun sich seit jeher schwer damit, sie angemessen zu würdigen, gilt sie doch als einer der wenigen Makel in Freuds ansonsten tadelloser wissenschaftlicher Biographie. Dabei hat es zunächst einmal wenig Auffälliges, wenn er, der angehende Praktiker der Nervenheilkunde, sich mit der Erforschung eines neuen antineurasthenischen Medikaments beschäftigte. Freuds 1884 begonnene Experimente mit dem damals weithin unbekannten Alkaloid Kokain eröffneten ihm die Chance, auf einem Forschungsgebiet zu reüssieren, das außerhalb dessen lag, was Freuds akademische Lehrer interessierte, und die Aussichten standen nicht schlecht, sich mit einer aufsehenerregenden wissenschaftlichen Leistung einen Namen zu machen, einen Namen, den er um Marthas und seines Ehrgeizes willen auf Teufel komm raus zu erwerben trachtete. Daß er die antidepressiven, euphorisierenden Wirkungen des Kokains nicht zu-

21

letzt im Selbstexperiment untersuchte, geht aus den Brautbriefen deutlich genug hervor und hat ihm gelegentlich die Kritik eingetragen, er sei zumindest eine Zeitlang kokainabhängig gewesen. Daß er einem Kollegen und Freund, dem begabten Ernst Fleischl von Marxow, mit Hilfe der psychotropen Droge (deren Drogencharakter seinerzeit freilich kaum jemand ahnte) beisprang, seine Morphiumsucht zu bekämpfen, haben ihm manche Historiker verübelt. Ein Zeitgenosse, der Arzt Albrecht Erlenmeyer, der Freuds veröffentlichte Ansicht, Kokain sei ein geeignetes Mittel beim Morphinentzug, vehement bezweifelte, hielt ihm gar vor, er habe mit dem Kokain eine «würdige dritte Geißel», neben Alkohol und Morphium, auf die Menschheit losgelassen.[49] Feststeht, daß Freud zwischen 1884 und 1887 fünf Arbeiten über Kokain publizierte, die bis heute als frühe Beiträge zur modernen Psychopharmakologie gelten, daß er im Falle Fleischl von Marxows nicht rechtzeitig genug die suchterzeugende Potenz der Droge erkannte und daß er später seine Kokainstudien als *Allotrion*[50] und *Jugendsünden*[51] bezeichnete. Außerdem hatte Freud insofern Pech mit seinen Forschungen, als nicht er, sondern sein Studienfreund Carl Koller die lokalanästhesistische Wirkung des Kokains am Auge entdeckte und damit jenen internationalen wissenschaftlichen Ruhm erntete, den Freud für sich selbst erhofft hatte. *Die Cocageschichte*, notierte er leicht ernüchtert im Herbst 1884, also noch vor dem Desaster mit Fleischl von Marxow, *hat mir allerdings viel Ehre gebracht, aber doch den Löwenanteil anderen.*[52]

Freud bereitete sich also weiter auf seine Privatpraxis vor, immer mit Blick auf *Geld, Stellung und Namen*[53], wobei ihm, der sich in Meynerts Laboratorium gehirnanatomische Kenntnisse erworben hatte, nun zugute kam, daß er im akademischen Jahr 1885/86 dank eines sechsmonatigen Reisestipendiums die Möglichkeit der Erlangung einer abschließenden Zusatzqualifikation erhielt – an der berühmten Salpêtrière des ebenso berühmten Jean-Martin Charcot. (Es entbehrt nicht der Ironie, daß fast genau hundert Jahre später der schärfste Diagnostiker und Kritiker des klinischen Blicks, der Philosoph Michel Foucault, ausgerechnet in der Salpêtrière sterben sollte.) Schon bevor Freud in Paris ankam, schrieb er voller Euphorie an Martha: *O wie schön wird das sein! Ich […] komme dann mit einem großen, großen Nimbus nach Wien zurück, und dann heiraten wir bald, und ich kuriere alle unheilbaren Nervenkranken […].*[54]

Ähnlich wie Brücke auf dem Gebiet der Physiologie galt Charcot damals als unumschränkter Herrscher auf dem Gebiet der Diagnostik und Behandlung spezieller «Nervenkrankheiten», vor allem der Hysterie, die von der Medizin jener Zeit kaum ernst genommen wurde. Freud war von der Persönlichkeit Charcots ebenso fasziniert wie von seinen Forschungen und seinen bisweilen theatralischen Krankendemonstrationen. *Charcot, der einer der größten Ärzte, ein genial nüchterner Mensch ist, reißt meine Ansichten und Absichten einfach um. Nach manchen Vorlesungen gehe ich fort wie aus Notre-Dame, mit neuen Empfindungen vom Vollkommenen. [...] Ob die Saat einmal Früchte bringen wird, weiß ich nicht; aber daß kein anderer Mensch je ähnlich auf mich gewirkt hat, weiß ich gewiß.*[55]

Die kurze, aber intensive Lehrzeit bei Charcot – erst bei ihm, bekannte Freud, habe er *klinisch sehen gelernt*[56] –, dem es nicht nur gelang, der Hysterie einen angemessenen Platz im wissenschaftlichen Denken der Ärzte zu verschaffen, sondern dem auch der Nachweis glückte, daß hysterische Symptome bei hypnotisierten Patienten künstlich erzeugt werden können, öffnete Freud die Augen für die nicht-physiologischen, also möglicherweise eher psychologisch zu erklärenden Ursachen von Geistespathologien. Allerdings könnte er schon zuvor, dank der Bekanntschaft und Freundschaft mit dem bedeutenden Wiener Arzt Josef Breuer, auf diese Möglichkeit gestoßen sein.

Nach seiner Rückkehr aus Paris erlebte Freud einen herben Rück-

Hôpital de la Salpêtrière: die Zellen der Patienten

Jean-Martin Charcot
(1825–1893). Mit einer
Widmung an Sigmund
Freud, 24. Februar (?) 1886

schlag, und es sollte nicht der letzte sein, den er im Kreis der Wiener medizinischen Kapazitäten erfuhr. Von Charcot darüber aufgeklärt, daß die Hysterie entgegen allen landläufigen Auffassungen auch bei Männern auftreten könne, trug Freud im Oktober 1886 vor der «Gesellschaft der Ärzte» seine Gedanken *Über männliche Hysterie* vor und stieß damit auf eisige Ablehnung. Es ist aber auch möglich, daß solche Ablehnung nicht so sehr der Neuigkeit selbst galt, die Freud mitzuteilen hatte, als vielmehr dem auftrumpfenden Ton, mit dem er sie als Pariser Dernier cri vorstellte – was die von sich überzeugten Wiener vielleicht kränkte. Aber wie tastend und schwankend auch immer – Freud hielt an seinen neuen Erkenntnissen fest, wobei er sich nicht sicher war, ob er Charcots Ansicht teilen sollte, der hypnotische Zustand könne allein bei Hysterikern erzeugt werden, oder die einer anderen französischen Schule um Ambroise Auguste Liébault und Hippolyte Bernheim, wonach beinahe jeder für die Hypnose empfänglich sein sollte. In seinem Nachruf auf den verehrten Lehrer

Charcot, der im August 1893 gestorben war, schreibt Freud: *Die Beschränkung des Studiums der Hypnose auf die Hysterischen, die Unterscheidung von großem und kleinem Hypnotismus, die Aufstellung dreier Stadien der «großen Hypnose» und deren Kennzeichnung durch somatische Phänomene, dies alles unterlag in der Schätzung der Zeitgenossen, als Liébaults Schüler Bernheim es unternahm, die Lehre vom Hypnotismus auf einer umfassenderen psychologischen Grundlage aufzubauen und die Suggestion zum Kernpunkt der Hypnose zu machen.*[57] Freud verhielt sich gewissermaßen salomonisch und gab beiden Seiten ein Stück weit recht. 1889 suchte er Bernheim auf und unterstrich auf diese Weise, daß er die Schule von Nancy als derjenigen von Paris ebenbürtig betrachtete, und wie um seine Unparteilichkeit herauszustreichen, übersetzte er sowohl Charcots «Leçons sur les maladies du système nerveux» als auch wenig später Bernheims Werk «De la suggestion et de ses applications à la thérapeutique» ins Deutsche. Bis in die neunziger Jahre experimentierte Freud mit der hypnotischen Technik, bis er sie über mehrere Zwischenschritte peu à peu in die psychoanalytische transformierte und endlich ganz aufgab.

Unterdessen hatte Freud im Frühjahr 1886 beim Allgemeinen Krankenhaus gekündigt und in der Rathausstraße 7 eine eigene Praxis aufgemacht, wohin ihm Breuer und Nothnagel Patienten überwiesen; zugleich arbeitete er an drei Nachmittagen in der Woche als Neurologe am Kinder-Krankeninstitut von Max Kassowitz. Entgegen gelegentlichen pessimistischen Anwandlungen, den *Kampf mit Wien*[58], und das heißt um eine auskömmliche Existenz, nicht gewinnen zu können, erwies sich die Freudsche Praxis zunächst als durchaus einträglich. Endlich, nach vier qualvollen Jahren des Wartens, konnte auch die Heirat mit Martha ins Auge gefaßt werden. Dank großzügiger Geldgeschenke von der Verwandtschaft der Braut und mit Hilfe von Anleihen und Geldzuwendungen betuchter Freunde war Freud in der Lage, einen Hausstand zu gründen. Die Ziviltrauung fand am 13. September 1886 in Wandsbek statt. Ein Jahr später brachte Martha das erste Kind, die Tochter Mathilde, zur Welt, in kurzen Abständen folgten fünf weitere: Jean-Martin (1889), Oliver (1891), Ernst (1892) und Sophie (1893); das letzte, Anna, wurde 1895 geboren. Anna Freud sollte das einzige Kind sein, das des Vaters Legat sich uneingeschränkt zu eigen machte – eine prekäre, eine großartige Entscheidung im Leben einer Frau.

Auf Dauer brachte die nervenärztliche Praxis nicht nur Vorteile,

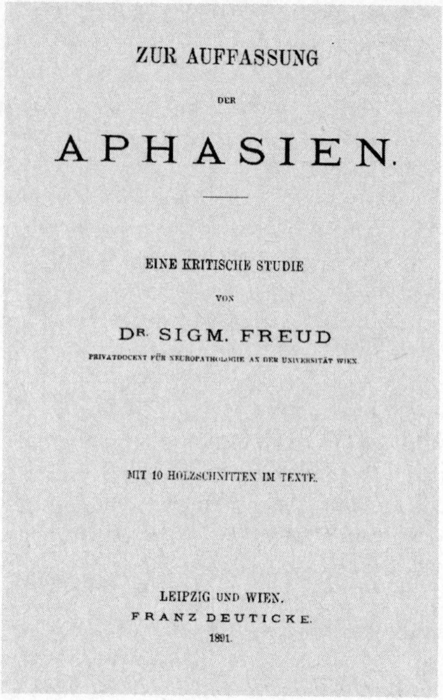

ZUR AUFFASSUNG

DER

A P H A S I E N.

———

EINE KRITISCHE STUDIE

VON

D^R. SIGM. FREUD

PRIVATDOCENT FÜR NEUROPATHOLOGIE AN DER UNIVERSITÄT WIEN.

MIT 10 HOLZSCHNITTEN IM TEXTE.

LEIPZIG UND WIEN.
FRANZ DEUTICKE.
1891.

Titelblatt der
Aphasie-Studie von 1891

sondern auch neue Enttäuschungen. Die damals üblichen Heilverfah-
ren – Elektrotherapie, Massagen und Heilbäder – erwiesen sich als
nur begrenzt tauglich, wirkliche Besserungen oder gar vollständige
Genesungen blieben bei Freuds Patienten häufiger aus, als ihm lieb
sein konnte. Also griff er zunehmend auf die Hypnose zurück, deren
Technik er in Nancy studiert hatte. Aber auch hier hielten sich die
Heilerfolge in Grenzen. *Im Zeitraum von 1886–1891 habe ich wenig
wissenschaftlich gearbeitet und kaum etwas publiziert. Ich war davon
in Anspruch genommen, mich in den neuen Beruf zu finden und meine
materielle Existenz sowie die meiner rasch anwachsenden Familie zu sichern*[59], lautet der wenig freundliche Kommentar im Rückblick, wobei Freud außer acht läßt, daß er zu Beginn der neunziger Jahre sich
intensiv auf dem Gebiet der Gehirnanatomie und -physiologie
betätigt hatte und daß eine Frucht seiner Forschungen die bedeutende Aphasie-Studie von 1891 war.

Auf dem Weg zur Psychoanalyse.
Die Freundschaften mit Breuer und Fließ
(1887–1899)

Um so wichtiger wurde Freud zunächst seine Freundschaft mit dem älteren Josef Breuer, sodann die mit dem «charismatischen» (Ely Zaretsky) Wilhelm Fließ. Schon zu Beginn der achtziger Jahre hatte ihm Breuer von einer Patientin berichtet – in der medizinischen Literatur als «Anna O.» bekannt, hinter der sich die später als jüdische Frauenrechtlerin berühmt gewordene Bertha Pappenheim verbarg –, die an schwersten hysterischen Symptomen litt. Breuer, ein ungewöhnlich fähiger Arzt und Forscher, hatte eher zufällig die Beobachtung gemacht, daß die Patientin im Zustand der Hypnose in der Lage war, sich detailliert an die Ursprungssituation zu erinnern, die das hysterische Symptom hervorgebracht hatte, und dabei den seinerzeit unterdrückten Affekt zu artikulieren, woraufhin das Symptom verschwand. Dieser interessanten Beobachtung, die gewissermaßen am Anfang der Psychoanalyse steht – und Freud war später im ganzen fair genug, Breuers gewichtigen Anteil an seiner «Erfindung» zu würdigen –, hatte Freud zunächst wenig Beachtung geschenkt. Jetzt aber,

Bertha Pappenheim
(1859–1936)

wo er sich eingestehen mußte, daß die herkömmlichen Heilpraktiken wenig fruchteten, kam er darauf zurück, zumal sich diesmal wirklich Erfolge zeigten. *Wir fanden [...] zu unserer größten Überraschung*, heißt es im einleitenden Kapitel der gemeinsam mit Breuer verfaßten *Studien über Hysterie* von 1895, die zu Recht als das «Urbuch der Psychoanalyse» (Ilse Grubrich-Simitis) bezeichnet worden sind[60], *daß die einzelnen hysterischen Symptome sogleich und ohne Wiederkehr verschwanden, wenn es gelungen war, die Erinnerung an den veranlassenden Vorgang zu voller Helligkeit zu erwecken, damit auch den begleitenden Affekt wachzurufen, und wenn dann der Kranke den Vorgang in möglichst ausführlicher Weise schilderte und dem Affekt Worte gab.* Freud und Breuer kamen zu dem Fazit, *der Hysterische leide größtenteils an Reminiszenzen*[61], an Reminiszenzen, so muß man hinzufügen, die mit einem ursprünglichen Trauma zusammenhängen.

Während aber Breuer seine sogenannte kathartische Methode nur bei dieser einen Patientin, eben bei «Anna O.», anwandte, erkannte Freud ihren umfassenderen Sinn und erhob sie in den Rang einer bevorzugten Behandlungstechnik. Dabei stellte er im weiteren Verlauf fest, *daß nicht beliebige Affekterregungen hinter den Erscheinungen der Neurose wirksam waren, sondern regelmäßig solche sexueller Natur, entweder aktuelle sexuelle Konflikte oder Nachwirkungen früherer sexueller Erlebnisse.* Das Postulat der sexuellen Ätiologie der Neurosen, das im folgenden eine so gravierende Rolle für Freud spielen sollte, gewann er zunächst und ausschließlich an der Hysterie, um es sodann auf alle Formen von Neurose auszudehnen. *Ich ging über die Hysterie hinaus und begann, das Sexualleben der sogenannten Neurastheniker zu erforschen, die sich zahlreich in meiner Sprechstunde einzufinden pflegten. Dieses Experiment kostete mich zwar meine Beliebtheit als Arzt, aber es trug mir Überzeugungen ein, die sich heute, fast dreißig Jahre später, noch nicht abgeschwächt haben. Man hatte viel Verlogenheit und Geheimtuerei zu überwinden, aber wenn das gelungen war, fand man, daß bei all diesen Kranken schwere Mißbräuche der Sexualfunktion bestanden.*[62]

Ohne Zweifel stand Freud an einem Wendepunkt seiner ärztlichen und wissenschaftlichen Karriere. Als die *Studien* erschienen, hatten sich seine und Breuers Wege längst getrennt, weil der Ältere nicht bereit war, Freud auf das riskante und skandalöse Feld der sexuellen Ätiologie der Neurosen zu folgen, wofür der Jüngere einen gewissen charakterlichen Konventionalismus verantwortlich machte. *Ich glaube, er verzeiht mir nie*, heißt es in einem Brief an Fließ, *daß ich in den «Studien» ihn mitgerissen und für etwas engagiert habe, wo er im-*

Mathilde (1846–1931) und
Josef Breuer (1842–1925)

*mer nur drei Kandidaten für den Platz e i n e r Wahrheit kennt und jede
Allgemeinheit als Überhebung verabscheut.*[63] Was Freud und Breuer
zunehmend trennte, war auch der unterschiedliche Denkstil beider,
ihr intellektuelles Temperament, das bei Breuer wesentlich gemäßigter war als bei dem Jüngeren, der sich erst am Anfang großartiger
Entdeckungen sah. Halb bewundernd, halb zweifelnd schrieb Breuer:
«Freud ist im vollsten Schwunge seines Intellects; ich schaue ihm
schon nach, wie die Henne dem Falken.»[64] Seit die Fließ-Briefe vollständig vorliegen, seit 1985, ahnt man, daß Freud die Trennung von
Breuer, der ihn immer freundschaftlich und finanziell gefördert hatte,
alles andere als leichtgefallen ist.

Dennoch wollte und mußte Freud seinen Falkenflug fortsetzen.
Die Stelle Breuers hatte längst der Berliner Hals-Nasen-Ohren-Spe-
zialist Wilhelm Fließ eingenommen, mit dem Freud seit 1887 in brief-
lichem Kontakt stand. Obwohl Fließ' bizarre Zahlenspekulationen,
seine Annahme einer physiologischen Beziehung zwischen Nase und
Genitalorganen und seine Theorie biorhythmischer Zyklen heute
eher als verschroben gelten, war Freud gewillt, Fließ mehr oder weniger kritiklos zu vertrauen. *Ein intimer Freund und ein gehaßter Feind
waren mir immer notwendige Erfodernisse meines Gefühlslebens; ich
wußte beide mir immer von neuem zu verschaffen*[65] – zuweilen in ein

29

und derselben Person, wenn man an die Freundschaften mit Fließ und C. G. Jung denkt, die beide in tiefe Zerwürfnisse umschlugen. In Fließ fand er diesen dringend benötigten intimen Freund, und daß er ihn so heftig idealisierte und ihm in vielem so bedenkenlos folgte – in einem Fall bis zu einer schweren ärztlichen Panne, die beinahe böse Folgen gehabt hätte –, läßt sich nur damit erklären, daß Freud in seiner damaligen Situation relativer Isoliertheit (später sollte er von *splendid isolation* sprechen[66]) in einer Übertragungsbeziehung befangen war, die es ihm unmöglich machte, *de[n] einzige[n] Andere[n], de[n] alter*[67], wie er enthusiastisch schrieb, realistisch wahrzunehmen. In der Wiener Ärzteschaft stieß Freud mit seinen neuartigen Vorstellungen fast überall auf taube Ohren; und Martha, die den häuslichen und familiären Hintergrund intakt hielt und keinerlei intellektuelle Anteilnahme an jener «Art von Pornographie»[68] aufbrachte, wie sie ihrer Meinung nach ihr Mann betrieb, kam als Gesprächspartnerin ohnehin nicht in Frage. Diese schmerzliche Leere füllte Fließ, und Freud offenbarte sich ihm in einer Weise, wie sie in der modernen Geschichte der Wissenschaften ohne Beispiel ist. Die – dank seiner Schülerin Marie Bonaparte erhaltenen – Briefe Freuds (während Freud umgekehrt Fließ' Briefe vernichtet hat, vermutlich in einer seiner berüchtigten Aktionen, autobiographische Spuren zu tilgen) zeugen von einer fast brutal zu nennenden Rücksichtslosigkeit gegenüber sich selbst, seinen Emotionen und Phantasien, seinen physischen und seelischen Beschwerden, seiner Nikotinabhängigkeit, seinen ehelichen Freuden und Leiden. Die in jeder Hinsicht intensive, stürmische und durchaus homophil gefärbte Freundschaft mit Fließ, so sehr sie zuweilen gegen die von Freud ansonsten streng beachteten Gebote des Realitätsprinzips und der Realitätsprüfung verstieß, eröffnete ihm gerade deshalb jenen Phantasiespielraum, in welchem sich die psychoanalytische Theorie, die ihrerseits der Phantasie im menschlichen Seelenleben eine zentrale Stellung einräumt, erst entfalten konnte. So paradox es anmutet: Die genialische «Verrücktheit» von Fließ, seine wissenschaftlichen Marotten und haltlosen Spekulationen, in denen Freud sich verlor, bildeten den fruchtbaren Boden für seine Kreativität, für seine Fähigkeit, die Zensurschranke zwischen der trieb- und affektnäheren Schicht des Vorbewußten und dem Bewußtsein zu lockern und damit Selbstbeobachtungen und Einsichten zuzulassen, die gewöhnlich der Verdrängung unterliegen und unbewußt bleiben. Fließ war gleichsam der Katalysator für Freuds kreativen Prozeß, und das heißt auch für das, wofür Freud die Bezeichnung *Selbstanalyse*[69] fand, die bis heute als die eigentliche

Freud und Wilhelm Fließ (1858–1928), August 1890

Geburtsstunde der Psychoanalyse gilt. Wenn Breuer Freud auf das Geheimnis der Patienten-Erinnerungen in der «talking cure»[70] gestoßen hatte, so Fließ ihn auf das der «Sendboten aus der eigenen Fremde»[71], die nichts anderes als Abkömmlinge des Unbewußten sind. Freud wähnte sich auf der richtigen Spur. *Mein teurer Wilhelm!*, heißt es Anfang 1897, in einer Situation großer Ungewißheit, *Wir werden nicht scheitern. [...] Gib mir noch zehn Jahre und ich mache die Neurosen und die neue Psychologie fertig.*[72]

Es ist ein denkwürdiger Umstand, daß Freud im Jahr der Erscheinung der *Studien über Hysterie*, in denen er selber auf den literarischen Charakter seiner Falldarstellungen zu sprechen kommt – *daß die Krankengeschichten, die ich schreibe, wie Novellen zu lesen sind, und daß sie sozusagen des ernsten Gepräges der Wissenschaftlichkeit entbehren*[73] –, Fließ einen umfänglichen Text schickte, der, erst postum (1950 bzw. 1987) publiziert, jene Seite von Freuds Forscherinteresse favorisiert, von der er ursprünglich herkam, der Neurologie. Diesen *Entwurf einer Psychologie* bezeichnete er Fließ gegenüber selber als «*Psychologie für den Neurologen*»[74]. Hatte er eben erst, in den

31

Studien, eine narrative Version seiner neuen Erkenntnisse über den Zusammenhang von sexuellen Traumen und hysterischen Erkrankungen verbreitet, so schlägt im *Entwurf* der harte Naturwissenschaftler in ihm durch. Auch wenn Freud das ehrgeizige Projekt, das er später unter dem Titel einer *Metapsychologie*[75] immer wieder aufgriff, offenbar bald aufgab – der Text fand sich im Nachlaß von Fließ –, unterliegt es keinem Zweifel, daß das im siebten Kapitel der *Traumdeutung* entwickelte Modell vom psychischen Apparat in fast sämtlichen Annahmen den Gedanken des *Entwurfs* nachgebildet ist. Deshalb konnte er später, gegen jede vordergründige Evidenz, auch behaupten, die *Traumdeutung* sei *in allem Wesentlichen anfangs 1896 fertig* gewesen, also zur Zeit der Beendigung des *Entwurfs*, obwohl sie *erst im Sommer 1899 niedergeschrieben* wurde.[76] Im zweiten Teil der Darstellung werden wir auf dieses Element starker Spannung im Freudschen Werk zurückkommen, das sich daraus ergibt, daß Freud zeitlebens darum gekämpft hat, den alten Dualismus von Leib und Seele, Natur- und Geisteswissenschaft, Neurophysiologie und Psychologie zu überwinden. Viele Freudianer nach Freud haben sich mit der billigen Lösung begnügt, indem sie den *Entwurf* unter dem Etikett «voranalytisch» aus dem Corpus des wissenswerten psychoanalytischen Wissens ausgeschieden haben.

Einstweilen aber trugen ihn die verschlungenen Wege seiner Selbstanalyse, die zunehmende Beschäftigung mit den eigenen Träumen und die schon in der Zusammenarbeit mit Breuer erprobte Methode der *freien Assoziation*[77], wonach der Patient stets das sagen soll, was ihm gerade einfällt, egal, wie banal, anstößig oder sinnlos es scheinen mag, in eine ganz andere Richtung, als es der *Entwurf* angekündigt hatte. Die Patienten, die Freud um die Mitte der neunziger Jahre in seiner Praxis sah, überzeugten ihn mehr und mehr davon, daß alle Neurosen die Folge sexuellen Mißbrauchs eines Kindes durch einen Erwachsenen oder ein älteres Kind seien. Er hatte es sich zur Angewohnheit gemacht, die Kranken nach Einzelheiten ihres Sexuallebens auszuforschen – was ihn bei seinen Kollegen in schwersten Mißkredit brachte, so daß ihm immer weniger Patienten überwiesen wurden – und sie aufzufordern, «alles zu erzählen», woraus er glaubte den Schluß ziehen zu dürfen, am Anfang allen neurotischen Elends stehe die sexuelle Verführung, der Mißbrauch des Kindes. Eher beiläufige Bemerkungen von Breuer, nervöse Störungen hätten immer mit «secrets d'alcôve» zu tun, und eine früher bei Charcot aufgeschnappte («c'est toujours la chose génitale … toujours … toujours …toujours»[78]), die ganz allgemein auf die ätiologische Bedeutung der Sexualität gemünzt waren, mußten Freud in seiner Sicht bestärken, am meisten natürlich die Tatsache, daß Fließ sie teilte, so daß er sich schließlich ermutigt fühlte, sie öffentlich zu vertreten. Sein Vortrag *Zur Ätiologie der Hysterie*, den er am 21. April 1896 vor dem Verein für Psychiatrie und Neurologie hielt und mit dem er seine Kollegen davon zu überzeugen versuchte, daß der Ursprung der Hysterie immer und regelhaft auf sexuellen Mißbrauch in der Kindheit zurückgehe, geriet zum Fiasko. Der bekannte Sexologe Richard von Krafft-Ebing sprach von einem *wissenschaftlichen Märchen*[79], das professionelle Auditorium reagierte feindselig. Von diesem Moment an war Freud in Wien isoliert.

Obwohl Freuds sexuelle Traumatheorie in ihrer Verallgemeinerung ziemlich unplausibel ist und er dies auch zunehmend selber erkannte, brauchte er noch eine Weile, um sich von ihr zu trennen. Welche Bedeutung bei diesem Prozeß der Tod seines Vaters Jacob im Oktober 1896 hatte, der heftige Erschütterungen in ihm auslöste, läßt sich schwer ermitteln. Jedenfalls begann Freud zu realisieren, daß *solche Verbreitung der Perversion gegen Kinder wenig wahrscheinlich ist* und *daß es im Unbewußten ein Realitätszeichen nicht gibt, so daß man die Wahrheit und die mit Affekt besetzte Fiktion nicht unterscheiden kann*; schließlich mochte er nicht glauben, auch sein eigener Vater komme als sexueller Verführer in Frage, kurzum: *Ich glaube an meine Neurotica nicht mehr.*[80] Der Gewinn dieser Einsicht – die Aufgabe der Verführungstheorie und die Anerkennung der Macht von unbewußten Phantasien und Wünschen – ermöglichte es Freud, die verbreitete Vorstellung von der sexuellen Unschuld des Kindes als Köhlerglauben eines harmoniesüchtigen Zeitalters zu entlarven und die Entdeckung zu machen, daß es in der Entwicklung des (männlichen) Kindes den Ödipuskomplex gibt, insofern es mit dem Vater rivalisiere und sich der Mutter bemächtigen wolle: *Ich habe die Verliebtheit in die Mutter und die Eifersucht gegen den Vater auch bei mir gefunden und halte sie jetzt für ein allgemeines Ereignis früher Kindheit [...].*[81] Man kann viel darüber spekulieren, was Freud dazu bewogen hat, an die Stelle der Traumatheorie das Konstrukt des Ödipuskomplexes im Sinne einer anthropologischen Konstante zu setzen. Vielleicht hat bei dieser Revision eine Rolle gespielt, daß er als profunder Kenner des Goetheschen Werkes, aus dem er in seinem eigenen häufig und gern zitierte, auch Goethes Übersetzung von Diderots «Rameaus Neffe» gekannt hat. In diesem Roman findet sich die folgende Stelle: «Wäre der kleine Wilde sich selbst überlassen und bewahrte seine ganze Schwäche, vereinigte mit der geringen Vernunft des Kindes in der

Ödipus tötet seinen Vater Laios. Mosaik aus der frühen Kaiserzeit.
Neapel, Museo Nazionale

Wiege die Gewalt der Leidenschaften des Mannes von dreißig Jahren, so bräch' er seinem Vater den Hals und entehrte seine Mutter.»[82] Ob diese dichterische Phantasie neben der des Sophokles, der Freud generell allergrößte Bewunderung schenkte, bei der Erfindung des Ödipuskomplexes Pate gestanden hat, ohne daß er es wußte?

Jedenfalls war damit – neben der überragenden Stellung der Sexualität im allgemeinen, neben der Bedeutung von Erinnerungen und der lösenden Wirkung der Redekur, neben der Erfahrung von Verdrängung und Widerstand – ein zentraler Pfeiler der psychoanalytischen Theorie errichtet. Was jetzt bis zur schriftlichen Fixierung der *Traumdeutung*, dem anderen und, weil es allein Freuds Handschrift trägt, eigentlichen Urbuch der Psychoanalyse, folgte, waren nur noch Ergänzungen, Präzisierungen und begriffliche Durchdringungen von

Gedanken, die bei Freud inzwischen scharfe Konturen angenommen hatten. Freilich bleibt wahr, daß er die Verführungstheorie nie vollständig aufgab, daß sie vielmehr unter dem Druck unabweisbarer Realitätszeichen eine wenn auch eingeschränkte Gültigkeit für ihn behielt, blieb doch unübersehbar, daß sexuelle Verführung und physischer Mißbrauch des Kindes tatsächlich vorkommen. Erst in den *Drei Abhandlungen* sagte er sich offiziell von ihr los in dem Sinne, daß er ihre ätiologische Ausschließlichkeit bestritt: *[...] ich kann nicht zugestehen, daß ich in meiner Abhandlung 1896 «Über die Ätiologie der Hysterie» die Häufigkeit und die Bedeutung derselben [der Verführung] überschätzt habe, wenngleich ich damals noch nicht wußte, daß normal gebliebene Individuen in ihren Kinderjahren die nämlichen Erlebnisse gehabt haben können, und darum die Verführung höher wertete als die in der sexuellen Konstitution und Entwicklung gegebenen Faktoren. Es ist selbstverständlich, daß es der Verführung nicht bedarf, um das Sexualleben des Kindes zu wecken, daß solche Erweckung auch spontan aus inneren Ursachen vor sich gehen kann.*[83] Damit postulierte Freud zweierlei: einmal, daß bereits das Kind eine sexuelle Konstitution aufweist, zum andern, daß es keinen zwingenden Zusammenhang zwischen Verführung und Neurose gibt. Was Freud für seine Zeit betrieb, war so etwas wie die Entdeckung der Kindheit in einer spezifischen Dimension, die sich als höchst realistisch erwiesen hat. Es zählt zu den Ironien der Freud-Rezeption, daß in den achtziger und neunziger Jahren des 20. Jahrhunderts dieser Realismus preisgegeben wurde, indem man Freud vorwarf, er habe aus opportunistischen Gründen das Interesse des Kindes verraten. So feierte der Mythos vom «unschuldigen Kind» erneut fröhliche Urständ.

Im Dialog mit Fließ setzte Freud seine Selbstanalyse fort als eine Art Introspektion bei erhöhter Aufmerksamkeit für Neben- und Untertöne, für das scheinbar Bedeutungslose und Nebensächliche, vor allem für seine Träume, aber auch die seiner Patienten. Diese Form verschärfter Selbstbeobachtung wurde von der nachfolgenden Analytiker-Generation als «Modell» stark idealisiert. Zugleich entwickelte er jene Kunst der Deutung symbolischer Ordnungen, die das Freudsche Werk als etwas grundlegend Neues, ja Revolutionäres ausweist. In der *Traumdeutung* fand dieses Neue und Revolutionäre seine bis heute gültige Gestalt, und man darf sagen, daß es nur wenige Bücher gibt, die das kulturelle Selbstverständnis des Menschen im 20. Jahrhundert nachhaltiger geformt haben als dieses. *Die Traumdeutung* ist es denn auch, deren Titel noch jedem einfällt, der nach Freuds Stellung und Rang in der modernen Geistesgeschichte gefragt wird.

Der Durchbruch.
Von der Psychopathologie zur Normalpsychologie
(1900–1905)

Die Traumdeutung erschien Ende 1899, während der Verleger die Jahreszahl 1900 aufs Titelblatt setzen ließ. Ideengeschichtlich markiert die Jahrhundertwende einen Bruch, den man als Ausdruck einer geistigen Krise der europäischen Intelligenz auffassen kann. Während Freud sein grundlegendes Werk publizierte, das den Menschen konsequent als das wünschende Tier darstellt, als einen mithin, dessen innerste Antriebe nicht der Kontrolle der Vernunft unterworfen, vielmehr irrational, wünschend-unbewußt, determiniert sind, hielt Max Planck in der Preußischen Akademie der Wissenschaften jenen berühmten Vortrag, der das bis dahin geltende physikalische Weltbild umstieß. Im Jahr 1900 starb Friedrich Nietzsche, dessen Philosophie der planetaren Heraufkunft des Nihilismus und der Umwertung aller Werte längst zu einem europäischen Ereignis avanciert war. Im selben Jahr veröffentlichte Georg Simmel seine «Philosophie des Geldes» (die er ursprünglich «Psychologie des Geldes» nennen wollte), ein Buch, welches, auf seine Weise nicht weniger radikal als dasjenige Freuds, von der irritierenden Erfahrung ausgeht, daß es die monetäre Durchdringung und Verfaßtheit der modernen Welt ist, die die Individuen vergesellschaftet, nicht eine planvolle soziale Vernunft. Im historischen Rückblick auf die Jahrhundertwende erscheint diese Kumulation krisenhafter Entwürfe und Zuspitzungen eines Geistes, der ahnt oder weiß, daß die Zeiten eines selbstgewissen Vernunftoptimismus vorbei sind und seine eigene Götterdämmerung begonnen hat, alles andere als zufällig. Mit Nietzsches Moralkritik, mit Plancks Revolutionierung der Physik, mit Simmels monetärer Sozialphilosophie (die freilich an Marx anschließen konnte), mit Freuds Subversion des Bewußtseins wurde ein Jahrhundert eingeläutet, das jener krisenhaften, ja katastrophischen Stimmung in bestürzender Weise gerecht werden sollte.

Mit dem Traumbuch war Freud ein Durchbruch gelungen, und er wußte es. Auch wenn die Reaktionen der fachlichen und nichtfachlichen Öffentlichkeit in seinen Augen eher unbefriedigend ausfielen und das Werk sich für längere Zeit ziemlich schlecht verkaufte, vertraute der Autor seinem Genius. Im Frühsommer 1900 schrieb er an Fließ, den er jetzt, nach Vollendung seines Opus magnum, immer leichter entbehren konnte (bis die Freundschaft im Jahr 1904, äußerlich als Folge eines Streits um Prioritätsfragen, endgültig zerbrach):

Glaubst Du eigentlich, daß an dem Hause dereinst auf einer Marmor-
tafel zu lesen sein wird:? «Hier enthüllte sich am 24. Juli 1895 dem Dr.
Sigm. Freud das Geheimnis des Traumes.» [84]

Das Scheitern seiner Neurosentheorie durch das Eingeständnis, daß
es nicht *Erlebnisse von vorzeitiger sexueller Erfahrung* [85] in der Kindheit sein müssen, die zu hysterischen Erkrankungen führen, und die
gleichzeitige Ausarbeitung seiner Psychologie hatten Freud unversehens auf eine Spur gebracht, die sich immer weiter und konsequenter
von der Psychopathologie entfernte und sich in die Richtung einer allgemeinen Psychologie, einer *Normalpsychologie* [86] bewegte, in welcher
der spezifisch nosologische Blick auf die Dinge eine eher beiläufige
Rolle spielt. *Die Traumdeutung*, die in weiten Teilen eine Sammlung
der Träume Freuds darstellt – wie Freud überhaupt ein passionierter
Sammler war (von Witzen, von Antiquitäten und Büchern) –, ist die
erste große Freudsche Schrift, die das begrenzte Terrain der Klinik
verläßt und die Aufmerksamkeit auf allgemeine psychische Phänomene lenkt, unabhängig von pathographischen Rücksichten. Zwar
glaubte Freud, mit seinem Buch den *Umkreis neuropathologischer Interessen nicht überschritten zu haben* [87] und den Traum *wie ein Symptom* [88] behandeln zu dürfen – aber damit wurde er seiner eigenen Leistung schwerlich gerecht. Denn eben weil jeder Mensch träumt und
der Traum eine kulturell ubiquitäre Erscheinung ist, die schon, wie
Freud wußte, die antiken Schriftsteller beschäftigt hatte, kann von Psychopathologie nicht mehr die Rede sein. Die für das Verständnis des
Traumgeschehens notwendige Annahme der Existenz zweier psychischer Instanzen, des *Systems Bewußt-Vorbewußt* einerseits, des *Systems
Unbewußt* andererseits [89] mit einer dazwischen angesiedelten Zen-
surinstanz [90], die Unterscheidung von *manifeste[m] und latente[m]
Trauminhalt* [91], von *Primärvorgang* und *Sekundärvorgang* [92], die zentrale These vom Traum als *Wunscherfüllung* [93] und *Hüter des Schla-
fes* [94], schließlich die Einsicht in den Infantilismus des Traums, der
Kenntnis der archaischen Erbschaft und *Einblick in die phylogenetische
Kindheit [...] des Menschengeschlechts* verheißt [95] – all das ist nicht an
pathologische Prozesse gebunden, sondern an solche des allgemeinen
menschlichen Seelenlebens. Das Irrationale und scheinbar Sinnlose
psychischer Produktionen erweist sich nicht länger als Privileg des
kranken Menschen, vielmehr als berechtigter Teil der Conditio hu-
mana. In der ein Jahr später erschienenen Schrift *Über den Traum* findet sich denn auch ein unmißverständlicher Hinweis darauf, daß Traum
und Normalpathologie, die dann freilich keine Pathologie mehr ist, zu-
sammengehören: *Eine ganze Anzahl von Phänomenen des Alltags-*

lebens Gesunder, das Vergessen, Versprechen, Vergreifen, und eine gewisse Klasse von Irrtümern danken einem analogen psychischen Mechanismus wie der Traum [...] ihre Entstehung.[96] Man kann sagen, daß Freud spätestens mit seiner *Traumdeutung* aus dem Bannkreis der Medizin herausgetreten war und sich auf das Feld einer wissenschaftlichen Psychologie begeben hatte, die den Anspruch erhob, Psychologie schlechthin zu sein. Diesem in der Tat fundamentalen Richtungswechsel seiner Forscherinteressen blieb er fortan treu, womit er allerdings sich (und später seine Schüler) in eine spannungsvolle, oft unbequeme Situation manövrierte: Sollte die Psychoanalyse nach dem Willen ihres Schöpfers einerseits eine Wissenschaft und nichts als eine Wissenschaft sein in dem Sinne, daß sie in allgemeingültiger Form die Regelmäßigkeiten des menschlichen Seelenlebens und das Funktionieren des psychischen Apparats expliziert, so blieb sie andererseits, weil ihr bis auf weiteres der Weg zum angestammten sozialen Ort der Wissenschaft, zur Universität, versperrt war, an die Erfahrung der Klinik, das heißt an die ärztliche Praxis verwiesen. Bis zu seinem Tod führte Freud verbissen den Kampf um die Psychoanalyse als Wissenschaft: *Ich sagte Ihnen, die Psychoanalyse begann als eine Therapie, aber nicht als Therapie wollte ich sie Ihrem Interesse empfehlen, sondern wegen ihres Wahrheitsgehalts, wegen der Aufschlüsse, die sie uns gibt über das, was dem Menschen am nächsten geht, sein eigenes Wesen*, heißt es in der *Neuen Folge der Vorlesungen zur Einführung in die Psychoanalyse.*[97] Dieser Kampf um das Selbstverständnis der Psychoanalyse – Wissenschaft oder Therapeutik oder beides gar? – ist bis heute nicht eindeutig entschieden. Verstand Freud die Analyse des «Stoff[s], aus dem die Träume sind»[98], als jene *Via regia*[99], die aus der Enge der Klinik heraus- und zur umfassenden Kenntnis des menschlichen Unbewußten hinführt, so sollte das Gros seiner Nachfolger bemüht sein, das psychoanalytische Wissen der Spezifität des klinischen Blicks wieder anzunähern.

Die 1901 veröffentlichte Studie *Zur Psychopathologie des Alltagslebens*, ebenfalls eine umfängliche Sammlung von Beispielen und Belegen für *Fehlleistungen*[100] aller Art – Versprechen, Vertun, Vergessen usw. –, ist gewissermaßen ein Seitenstück zur *Traumdeutung*, architektonisch ganz ähnlich wie diese angelegt, aber theoretisch weniger ambitioniert, so daß man fast von einem populären Buch Freuds sprechen kann. Entgegen der landläufigen Auffassung, die etwa auch Breuer verteidigte, erkannte Freud in jeder scheinbar zufälligen oder absurden Fehlleistung einen Sinn, der ihn zur Theorie des psychischen Determinismus führte, wonach *es unmöglich ist, absichtlich und willkürlich einen Unsinn zu komponieren* [101]: Noch das harmloseste Versprechen, welches das bewußt angestrebte Ziel verfehlt, ist durch einen unbewußten Wunsch determiniert und stellt insofern eine geglückte Handlung dar; was auf der Ebene des Bewußtseins verfehlt wird, erfüllt sich auf der Ebene des Unbewußten, ganz so, wie Freud es für den Traum als Wunscherfüllung postuliert hatte. Daß das Unbewußte wie Kants Ding an sich nicht als solches zu greifen ist (und auch nicht als Ding an sich gedacht werden kann), sondern nur vermittels seiner symbolisierungsfähigen Abkömmlinge, eben der Traumerzählung, des Versprechens, des Witzes, daß es, in der zugespitzten Formulierung Jacques Lacans, «wie eine Sprache» gebaut ist [102] – mit der *Traumdeutung* wie mit dem *Alltagsleben* und dem Witzbuch hatte Freud seine Annahme vom Wirken eines Unbewußten schlüssig dargelegt. Auch wenn der Topos bereits in der Literatur des 19. Jahrhunderts herumgeisterte, etwa in Eduard von Hartmanns «Philosophie des Unbewußten» (1869), so war doch Freud der erste, der das bis dahin nur vage Geahnte auf das Niveau einer soliden wissenschaftlichen Hypothese brachte, das seither nur um den Preis einer Regression verspielt werden kann.

Im selben Jahr schrieb Freud seine Fallstudie über *Dora*, eine hysterische Patientin, die er allerdings erst vier Jahre später publizierte. In diese Zeit fällt auch die Überwindung seiner merkwürdigen Rom-Phobie, von der in den Fließ-Briefen mehrfach die Rede ist; im September 1901 reiste er endlich nach Rom und empfand diese Tat als einen *Höhepunkt* [103] seines Lebens. Anders als seinem Jugend-Heros Hannibal, der auf seinem Italienfeldzug Rom konsequent mied und auch nach der für die Römer vernichtenden Schlacht von Cannae «ante portas» blieb, gelang es Freud, alle Hindernisse zu überwinden (bei Hannibal waren es vielleicht logistische, bei Freud auf jeden Fall neurotische) und die Stadt für sich zu erobern. Das Ende der Freundschaft mit Fließ und Freuds erste Romreise, der noch mehrere folgen sollten, fallen auf eine signifikante Weise zusammen.

Die Universität blieb eine unglückliche Liebe im Leben Freuds. Obwohl seit 1885 Privatdozent, wartete er danach vergeblich auf seine Ernennung zum Professor. Während gleichaltrige Kollegen nach und nach den begehrten Titel erlangten – der keine Stelle und kein Einkommen, wohl aber vermehrtes Prestige versprach, das sich in klingende Münze bei den Patienten Freuds verwandeln konnte –, wurde er trotz der Unterstützung durch namhafte Gelehrte wie Nothnagel und Krafft-Ebing regelmäßig übergangen. Freud hielt lange still, und erst als er seinen Stolz hintanstellte und zum Mittel von «Bezie-

Wien, Berggasse 19 (Bildmitte). Hier wohnte Freud von 1891 bis 1938.

hungen», also handfester Protektion griff, erfolgte im Februar 1902 seine Ernennung zum außerordentlichen Titular-Professor. Die hartnäckige Behinderung, der er sich ausgesetzt sah, hatte zwei offenkundige Gründe: Zum einen gab es in den sogenannten amtlichen Kreisen gewisse Vorurteile gegen ihn, die vielleicht mit seinen exponierten Themen – Sexualität! – zu tun hatten; zum anderen war es im Wien eines Karl Lueger, der als Bürgermeister den Antisemitismus fast offiziell als politisches Instrument einsetzte, nicht leicht für einen Juden, eine gehobene Karriere zu verfolgen. Daß der amtliche Judenhaß keine österreichische Spezialität war, geht daraus hervor, daß der fast gleichaltrige Georg Simmel trotz brillanter wissenschaftlicher Leistungen beinahe ebenso lange wie Freud auf seine Beförderung warten mußte – 1885 zum Privatdozenten ernannt, erreichte er erst 1901 eine außerordentliche Professur in Berlin. Zwar hätte sich Freud mit seinem älteren Zeitgenossen Theodor Fontane sagen können: «Persönlich fühl ich mich nicht im Geringsten verletzt; nur allgemein und prinzipiell beklag ich es, daß [...] kein Compromiß, keine Anerkennung [...] möglich scheint»[104] – aber das wäre doch nur eine schwache Rationalisierung gewesen. Wie stark das Trauma seiner verhinderten Laufbahn als Wissenschaftler an der Universität nachwirkte, zeigte sich noch Jahre später daran, daß er Leuten wie Eugen Bleuler, Ludwig Binswanger und vor allem Carl Gustav Jung, die im akademischen Wissenschaftsbetrieb zu Hause waren, ungewöhnlich heftige Avancen machte, indem er sie ganz offen seinen Wiener Anhängern, seiner *Bande*[105], wie er sie abschätzig nannte, vorzog: *Aus all meinen Wienern wird nichts werden*, schrieb er 1911 an Karl Abraham, seinen Berliner Musterschüler.[106]

Diese *Bande* freilich war es, welche Freud allmählich aus seiner Einsamkeit erlöste. Ab 1902 kamen an jedem Mittwochabend vier Ärzte – der Sozialist Alfred Adler sowie Max Kahane, Rudolf Reitler und Wilhelm Stekel – in Freuds Wohnung in der Berggasse 19 zusammen, um mit ihm über seine neuen Theorien zu diskutieren. In den folgenden Jahren wuchs die Mittwoch-Gesellschaft, Vorläuferin der 1908 gegründeten Wiener Psychoanalytischen Vereinigung, deren Debatten dank der Mitschrift des Protokollführers Otto Rank zwischen 1906 und 1918 überliefert sind, langsam, aber stetig. 1903 schloß sich Paul Federn an, der später Obmann der Wiener Vereinigung wurde und 1919 einen Aufsatz über die «vaterlose Gesellschaft»

Paul Federn (1871–1950)

veröffentlichte, dessen Titel das bekannte Werk von Alexander Mitscherlich aus dem Jahre 1963 gleichsam vorwegnimmt. Es folgten Eduard Hitschmann, Isidor Sadger und Fritz Wittels, der erste
Biograph Freuds. Auch Nichtärzte, später «Laien» genannt, waren
dabei, wie Max Graf (der Vater des *kleinen Hans* aus Freuds berühmter Fallgeschichte), der Verleger Hugo Heller und der Jurist Hanns
Sachs, auf deren Mitarbeit Freud stets besonderen Wert legte, war
ihm doch darum zu tun, *daß die Lehren der Psychoanalyse nicht auf
das ärztliche Gebiet beschränkt bleiben* [107]. Freuds in den zwanziger
Jahren offen geführter Kampf um die Berechtigung der *Laienanalyse* [108] begann in Wahrheit bereits in der ersten Dekade des neuen
Jahrhunderts – nur daß es zu dieser Zeit, als die psychoanalytische
Gruppenbildung begann, noch ein verdeckter Kampf war. Im Kreis
seiner ersten Schüler war es Freud möglich, die theoretische Spann-
breite und die vielfältigen klinischen wie außerklinischen Implikatio-
nen seiner neuen Psychologie in einer Weise zu erörtern, die nicht
selten spekulativer und abseitiger – und manchmal auch höchst per-
sönlicher und indiskreter – Natur war, wie die vier Bände der «Protokolle der Wiener Psychoanalytischen Vereinigung» beweisen. Im
Schutze der Intimität der kleinen Gruppe, die überwiegend aus Juden bestand, konnte so manches gesagt werden, das vor einer größeren Öffentlichkeit die Psychoanalyse unweigerlich diskreditiert
hätte. Als tatsächlich einmal Diskussionsergebnisse nach außen dran-
gen, nämlich als der etwas zwielichtige Wittels über die sogenannte
«Fackel»-Neurose vortrug, bezahlte Freud dies prompt mit der Geg-
nerschaft des Schriftstellers und «Fackel»-Herausgebers Karl Kraus.
Es nützte nichts, daß Freud davor gewarnt hatte, *die Neurose dort in
den Vordergrund zu stellen, wo es sich um eine bedeutende Leistung
handelt* [109] – was im Fall von Kraus gewiß zutrifft. Dieser, obwohl der
Psychoanalyse, insbesondere der Freudschen Sexualtheorie, gegenüber ursprünglich aufgeschlossen, ließ es sich hinfort nicht nehmen,
spitze Pfeile gegen sie zu schießen – Freud verlor in Wien einen wich-
tigen potentiellen Verbündeten. [110]

Dafür hielt er sich an den Ausländern schadlos, die sich seit 1907
der psychoanalytischen Bewegung anschlossen. Mit Max Eitingon,
der dank der ihm zur Verfügung stehenden finanziellen Mittel 1920
das Berliner Psychoanalytische Institut eröffnete, Karl Abraham,
Gründer der Berliner Psychoanalytischen Gesellschaft, Sándor Ferenczi, der die ungarische Gesellschaft ins Leben rief, Ernest Jones,
Freuds Statthalter in England, der sein Lebenswerk mit einer lange
maßgeblichen dreibändigen Freud-Biographie krönte, und nicht zu-

Karl Kraus (1874–1936).
Foto von 1909

letzt mit dem Schweizer C. G. Jung gewann Freud wirklich bedeutende Köpfe, die seine Wiener *Bande*, was ihren Einsatz und Nutzen
für die Psychoanalyse betrifft, tatsächlich in den Schatten stellten.
Allerdings sollte sich zeigen, daß die intellektuelle Eigenständigkeit,
welche Leute wie Ferenczi, Jones und Jung mitbrachten, auch Stoff
für Konflikte barg, die in einigen Fällen äußerst schmerzlich endeten.
Die Frage ist erlaubt, ob und inwieweit Freud als Schuloberhaupt in
der Lage war, geistige Originalität und Unabhängigkeit neben sich zu
dulden – er selbst hielt sich jedenfalls für tolerant.[111] Es scheint so, als
sei er im Zweifelsfall mit den Ärzten weit weniger nachsichtig umge-
gangen als mit der Schar seiner Laien, die er oft langmütig gewähren
ließ. Freuds *Liebste Lou*[112], die russische Schriftstellerin Lou Andreas-Salomé, die in die Wiener Psychoanalytische Vereinigung das
geheimnisvolle Flair ihrer Begegnungen mit Nietzsche und Rilke
trug, konnte es sich gar leisten, Freuds Lehren manchmal bis zum
Lyrischen, ja Kitschigen zu literarisieren, ohne Tadel gewärtigen
zu müssen. Auch im Fall des Schweizer Pfarrers Oskar Pfister und
des Dichters Arnold Zweig, mit denen er langjährige Korresponden-
zen unterhielt und deren Auffassungen von der Psychoanalyse zuweilen bedenklich zum Wohlmeinend-Weltanschaulichen tendierten, ließ
Freud größtmögliche Toleranz walten. Die Gefahr, so sah er es, kam
eher von den Ärzten.

Lou Andreas-Salomé
(1861–1937). Foto von 1897

Mit dem doppelten Paukenschlag von 1905, den *Drei Abhandlungen zur Sexualtheorie* und mit *Der Witz und seine Beziehung zum Unbewußten*, schloß Freud sein «quinquennium mirabile» (K. R. Eissler) und damit die Konstitutionsphase der Psychoanalyse ab. In den *Drei Abhandlungen* griff er noch einmal die Thematik auf, die ihn in den neunziger Jahren so stark gepackt hatte – das Problem der Sexualität, jenes *an die Biologie angrenzende Stück der Lehre*[113], von dem er fest überzeugt war, daß es auf den anhaltendsten Widerstand der gebildeten Öffentlichkeit stoßen werde. Im zentralen Kapitel der Schrift, über *Die infantile Sexualität*, bekräftigt Freud seine Haltung, daß das Kind sexuelle Strebungen oder Triebe immer schon mitbringt. *Die Sexualbetätigung [des Kindes] lehnt sich zunächst an eine der zur Lebenserhaltung dienenden Funktion an und macht sich erst später von ihr selbständig. Wer ein Kind gesättigt von der Brust zurücksinken sieht, mit geröteten Wangen und seligem Lächeln in Schlaf verfallen, der wird sich sagen müssen, daß dieses Bild auch für den Ausdruck der sexuellen Befriedigung im späteren Leben maßgebend bleibt.*[114] Fünf Jahre später wird Freud im Hinblick auf seine Triebtheorie explizit zwischen *Sexualtrieben* und *Ichtrieben, Liebe* und *Hunger* unterscheiden.[115] Wenn die libidinösen Grundbedürfnisse des Kindes, die sich in autoerotischen Aktivitäten, aber auch in Gefühlen wie Liebe, Schmerz und Eifersucht gegen die Eltern oder ein Elternteil äußern, vom Erwachsenen vergessen werden, so schreibt Freud dies einer *eigentümliche[n] Amnesie*[116] zu, welche verhindert, daß das im konventionellen Sinne Verpönte bewußt angeeignet wird. Die *unter dem Drucke der Erziehung zur Kultur*[117] vergessene oder verdrängte kindliche Sexualität, die Negierung der lustvollen Beschäftigung mit den *erogenen Zonen*[118] des Körpers, brachte Freud zu der pointierten Formulierung, daß die neurotischen Symptome beim Erwachsenen nichts anderes seien als die *Sexualbetätigung der Kranken*[119], was, in gemäßigter Form, selbstverständlich auch für den «gesunden» Neurotiker gilt. Was seine Sexualtheorie im besonderen und seine Trieblehre im allgemeinen angeht, bewahrte sich Freud freilich eine lebenslange Skepsis. Die Lehre von den Trieben, heißt es später, sei *das wichtigste wie das dunkelste Element der psychologischen Forschung*[120] oder, nach einer den *Drei Abhandlungen* später hinzugefügten Fußnote, *das bedeutsamste, aber auch das unfertigste Stück der psychoanalytischen Theorie*[121]. Freuds Triebtheorie, auch in ihren späteren Ausarbeitungen und Modifikationen, blieb stets charakteristisch unscharf, was mit der Schwierigkeit zusammenhängt, daß er den Trieb als *Grenzbegriff des Somatischen gegen das Seelische* konzipierte, als *psychischen Repräsentanten organischer Mächte*[122], deren Beziehungen zueinander letztlich abstrakt bleiben. Weil Freud an einigen neurophysiologischen bzw. biologischen Prämissen seiner Psychologie eisern festhielt – Brücke, Meynert, aber auch Darwin lassen grüßen –, versagte er sich eine einfache und eindeutige Lösung des Problems. Es verwundert nicht, daß sich viele seiner Nachfolger, um diesem Problem zu entgehen, der Triebtheorie mehr oder minder radikal entledigt haben. Im historischen Rückblick scheint allerdings noch etwas ganz anderes an den *Drei Abhandlungen* bedeutsam zu sein als Freuds Versuch der Verlötung von Soma und Psyche: die Dekonstruktion der «normalen» oder «natürlichen» Sexualität des Erwachsenen, wie er es gegen den Widerstand seiner Zeit bereits für das Kind geleistet hatte. Wenn Freud, einer alten Idee seines Freundes Fließ folgend, beim Individuum von einem gewissen *Grad von anatomischem Hermaphroditismus* und von *einer ursprünglich bisexuellen Veranlagung* ausgeht[123] und dann (in einer ebenfalls später angefügten Note) zu der Behauptung vorstößt, daß *das ausschließliche sexuelle Interesse des Mannes für das Weib ein der Aufklärung bedürftiges Problem und keine Selbstverständlichkeit* ist[124], so ist das an sexualpolitischer Kühnheit kaum zu übertreffen. Daß Heterosexualität ein natürlicher Chemismus sei und Homosexualität entsprechend unnatürlich, eben eine Perversion, galt zu Freuds Zeit als ausgemachte

Sache, und Entrüstung gehörte zum guten Ton – der Prozeß gegen Oscar Wilde bot genügend Stoff dafür. Mit beträchtlichem Mut verfocht Freud die Ansicht, daß es nicht Aufgabe des Arztes sei, sich in Sachen Sexualität als moralischer Richter aufzuführen: *Was wir die sexuellen Perversionen heißen, die Überschreitungen der Sexualfunktion nach Körpergebiet und Sexualobjekt, davon muß man ohne Entrüstung reden können. Schon die Unbestimmtheit der Grenzen für das normal zu nennende Sexualleben bei verschiedenen Rassen und in verschiedenen Zeitepochen sollte die Eiferer abkühlen. [...] Ein Stückchen weit, bald hier, bald dort, überschreitet jeder von uns die fürs Normale gezogenen engen Grenzen in seinem eigenen Sexualleben. Die Perversionen sind weder Bestialitäten noch Entartungen im pathetischen Sinne des Wortes.*[125] Erst im Abstand von rund hundert Jahren, in denen sich, zumindest in der westlichen Zivilisation, die Auffassungen von der Sexualität, von Norm und Abweichung, grundlegend gewandelt haben, kann man recht würdigen, welches Neuland Freud mit seiner Sexualtheorie seinerzeit betrat. In einem späteren Kapitel wird zu zeigen sein, daß seine Positionen bezüglich der Geschlechterfrage, sobald es um Männlichkeit und Weiblichkeit ging, weit hinter seiner sexualtheoretischen und -politischen Kühnheit zurückblieben, ja daß er hier weithin dem kulturellen Patriarchalismus seiner Epoche verhaftet war, wenn auch nicht in der schneidend reaktionären und misogynen Form wie sein Zeitgenosse Otto Weininger mit seinem Pamphlet über «Geschlecht und Charakter» (1903).

Das Witz-Buch markiert endgültig die Gewinnung des der Neurosentheorie gegenüberliegenden Ufers seiner Lehre – der Kulturtheorie. Es analysiert die kleinste soziale Einheit der Kultur, die das einzige Gefühl transportiert, das exklusiv der menschlichen Spezies eignet: das Lachen.[126] Freud verzichtet in dieser Schrift vollkommen auf klinisches Material und verläßt sich allein auf seine eigene umfangreiche Witzsammlung sowie auf Beispiele aus der Literatur, um zu demonstrieren, daß es das Bestreben des Witzes ist, *die alte Lust am Unsinn*, die zum archaischen Erbe des Menschen gehört, *oder die alte Wortlust zu gewinnen*. Wie für den Traum gilt, daß der Witz eine Art *«Rückkehr des Seelenlebens auf den embryonalen Standpunkt»* ist.[127] Im Witz und im Lachen darüber darf sich etwas Bahn brechen, das ansonsten sozial verpönt ist: ein heimlicher Wunsch nach Verbotenem, eine obszöne Phantasie, ein Zynismus oder auch eine handfeste Aggression. Indem es in der verknappten und verdichteten Sprache des Witzes auftritt (und in solcher Verknappung und Verdichtung seine Beziehung zum Unbewußten zu erkennen gibt), verliert es zugleich seine sozial verletzende Schärfe. Der Tabubruch ereignet sich gleichsam in gesellschaftlich akzeptierter Gestalt, weil und insofern er ins lösende Medium des Lachens mündet. Wenn man zum Beispiel Kuno Fischers 34 Jahre zuvor veröffentlichten philosophischen Essay «Über den Witz», aus dem Freud mehrfach zitiert, gegen dessen Witz-Buch hält, wird man gewahr, wie groß der Erkenntnisfortschritt ist, der zwischen dem harmlosen Lächeln und der manierlichen Heiterkeit bei Fischer und dem abgründigen *kleinen Lustgewinn [...] unseres seelischen Apparats*[128] bei Freud liegt.

Wissenschaftliche und politische Expansionen.
Die Psychoanalyse als «Bewegung»
(1906–1914)

Um sein fünfzigstes Lebensjahr hatte Freud seine Sturm- und Drangjahre (Eissler) endgültig hinter sich. Aus dem rastlosen Experimentierer und Neuerer, der er für mehr als ein Jahrzehnt gewesen war, war jetzt einer geworden, der einer klaren Zielrichtung folgte. Selbst die anhaltende Diskriminierung seiner Theorien durch die Zunft der Neurologen und Psychiater – noch 1910 dekretierte der Geheime Medizinalrat Wilhelm Weygandt, Freuds Lehre sei eine «Sache der Polizei»[129] – konnte ihn nicht mehr an dem einmal eingeschlagenen Weg irre machen. Denn die teils rüde vorgetragenen Attacken gegen Freud, die er seinerseits in seiner Privatkorrespondenz bissig kommentierte, waren zugleich ein untrügliches Indiz dafür, daß seine wie immer umstrittenen Theorien öffentlich diskutiert wurden. Unerwarteten Zuspruch erhielt Freud aus den USA. Der Präsident der Clark University in Worcester, Massachusetts, Stanley Hall, trug ihm die Ehrendoktorwürde an und lud ihn zu einer Vortragsreihe nach Amerika ein. Im September 1909 reiste Freud in Begleitung von Ferenczi und Jung per Schiff von Bremen nach New York, wo sich ihm Jones und sein amerikanischer Übersetzer Abraham A. Brill anschlossen. Im *so prüden Amerika*[130], gegen das er ansonsten solide Vorurteile pflegte, wurde er freundlicher als erwartet empfangen: *in Europa fühlte ich mich wie geächtet, hier sah ich mich von den Besten wie ein Gleichwertiger aufgenommen. Es war wie die Verwirklichung eines unglaubwürdigen Tagtraumes, als ich in Worcester den Katheder bestieg [...]. Die Psychoanalyse war also kein Wahngebilde mehr, sie war zu einem wertvollen Stück der Realität geworden.*[131]

Sigmund Freud, um 1906

Das Jahr 1910 markiert den ersten Höhepunkt in der von Freud ins Leben gerufenen und mit viel strategischer und politischer Umsicht geführten psychoanalytischen Bewegung. Inzwischen war die erste vereinseigene Zeitschrift, das «Jahrbuch für psychoanalytische und psychopathologische Forschungen» gegründet worden (wenig später folgten das «Zentralblatt für Psychoanalyse», die «Imago» und die «Internationale Zeitschrift»), und in Salzburg hatte 1908 der erste internationale Kongreß der Psychoanalytiker stattgefunden. Besiegelung dieser organisatorischen Erfolge war die Gründung der Internationalen Psychoanalytischen Vereinigung (IPV) 1910 in Nürnberg, zu

Alfred Adler (1870–1937).
Foto um 1910

deren Präsident Jung gewählt wurde, was nicht ohne Irritationen bei den Wienern abging. *Mit dem Nürnberger Reichstag* – ein scherzhafter Ausdruck, der sich auch in einem Brief Freuds an Jung findet[132], der aber im Lichte späterer Ereignisse, deren Opfer Freud und seine Familie werden sollten und die mit «Reichsparteitagen» in Nürnberg zusammenhängen, einen makabren Beiklang erhält – *schließt die Kindheit unserer Bewegung ab [...]. Ich hoffe, jetzt kommt eine reiche und schöne Jugendzeit.*[133] Kurz vorher konnte Freud Ferenczi ebenfalls Gutes melden: *Lueger ist heute gestorben.*[134] Die lapidare Mitteilung vom Tod des populistischen Antisemiten, Vorbild Adolf Hitlers, enthält mehr aggressive Impulse, als auf den ersten Blick erkennbar wird.

Mit dem euphorischen Ausblick auf *eine reiche und schöne Jugendzeit* war es indessen nicht weit her; alsbald stand Ärger ins Haus. Alfred Adlers Theorie von der «Organminderwertigkeit» in bezug auf die Neurosenätiologie, dessen unverhohlene Anleihen bei erbbiologischen Lehren, schließlich Adlers wachsende Vernachlässigung des Unbewußten sowie der Rolle der Sexualität und des Ödipuskomplexes, dessen Anerkennung für Freud stets das *Schiboleth*[135] der Psychoanalyse blieb, hatten die erste Sezession zur Folge. Ein psychologisches *Weltsystem ohne Liebe* sprengte den Rahmen des von Freud geschaffenen Systems, und er zögerte am Ende nicht, an Adler *die*

49

C.G. Jung (1875–1961).
Foto von 1904

Rache der beleidigten Göttin Libido [...] zu vollziehen[136]. Im Herbst 1911 konstatierte Freud, der Adler lange hatte gewähren lassen, weil er ihn für intelligent und originell hielt, die Unvereinbarkeit von dessen Theorie mit der seinen und attestierte ihr *den Charakter einer feindseligen Konkurrenz*[137], was zum Ausschluß Adlers und seiner Anhänger aus der Wiener Vereinigung führte. Die Mehrzahl der Gruppe blieb bei Freud.

Gravierender als diese Trennung und für Freud emotional wesentlich schwerer zu verkraften war die von C. G. Jung, die sich 1912 anbahnte und 1914 mit einem Eklat, dem Rücktritt des *Erben*[138] von der Präsidentschaft der IPV, endete. Wie keinen anderen seiner ausländischen Gefolgsleute, von den Wienern zu schweigen, hatte Freud den Schweizer Nichtjuden hofiert und als seinen legitimen Nachfolger installiert in der Sorge, wie er einmal an Ludwig Binswanger schrieb, daß er als *alter Mann* jemanden brauche, der *mein eigenes Leben fortsetzen* werde[139] – Freud war damals noch nicht sechzig. Dabei war viel, aber nicht nur, strategisches Kalkül im Spiel – Jung mit seinen einflußreichen wissenschaftlichen Verbindungen und seiner Stellung am Burghölzli, der Züricher psychiatrischen Universitätsklinik, galt ihm als Garant dafür, die Psychoanalyse in der nichtjüdischen Welt salonfähig zu machen: *Die egoistische Absicht, die ich verfolge und natür-*

lich offen eingestehe, ist, Sie zum Fortsetzer und Vollender meiner Arbeit einzusetzen, indem Sie auf die Psychosen anwenden, was ich bei den Neurosen begonnen habe, wozu Sie als starke, unabhängige Persönlichkeit, als Germane, der leichter die Sympathien der Mitwelt kommandiert, mir besser zu taugen scheinen als irgendein anderer, den ich kenne. Aber Freud fügte hinzu: *Nebenbei habe ich Sie ja auch lieb [...].*[140] Trotz solch unverblümten Werbens um den Jüngeren hatte auf Dauer nicht verborgen bleiben können, daß Jung, anders als seinerzeit Fließ, mit Freud scharf konkurrierte und zugleich mit ihm einen Vater-Sohn-Konflikt austrug, der ihn hinderte, Freuds Autorität anzuerkennen. Freud hatte sich lange darum bemüht, die emotionalen Konflikte durch Toleranz zu schlichten und wissenschaftliche Differenzen so weit wie möglich zu bagatellisieren. Aber spätestens 1912 waren die theoretischen Unstimmigkeiten – Jungs erweiterter Libidobegriff, seine Archetypenlehre sowie die schwammigen mystisch-religiösen Anwandlungen des Pastorensohns, die dem Rationalisten und Atheisten Freud nur obskur vorkommen konnten – nicht mehr zu kaschieren. Vor die Alternative gestellt, seinen bisher wichtigsten Mitstreiter zu verlieren oder an den Grundüberzeugungen seiner Lehre festzuhalten, entschied sich Freud für letzteres. Auf Anregung von Ferenczi und Jones, seinen treuesten Vasallen, und unter Einschluß von Abraham, Rank und Sachs (später kam noch Eitingon hinzu) unternahm Freud einen Schritt, der die Macht der offiziellen psychoanalytischen Leitungsgremien, und das heißt auch die der IPV-Präsidentschaft Jungs, faktisch außer Kraft setzte: Er gründete ein Komitee[141], das *streng geheim*[142] existieren und arbeiten sollte und dessen Aufgabe es war, die zentralen Freudschen Ideen zu bewahren und, wie Jones schrieb, «unsere eigenen unbewußten Absichten mit den Erfordernissen und Interessen der Bewegung in Einklang zu bringen [...] wie die Paladine Karls des Großen das Reich und die Politik ihres Herrn zu hüten»[143]. Dieser nicht undubiose Schachzug, der das Machtzentrum der Psychoanalyse von den demokratisch gewählten Gremien auf eine informelle und geheime Gruppe unter Freuds Kontrolle verlagerte, sicherte einerseits den Fortbestand der «reinen Lehre», war aber auch dazu angetan, Zweifel an Freuds Aufrichtigkeit und Geradlinigkeit zu wecken. In der Politik, so Peter Gay, war Freud «unredlicher als in seinem übrigen Verhalten»[144]. Der Bruch mit Jung war endgültig, als Freud im Sommer 1914 seine *Bombe*[145] platzen ließ, indem er *Zur Geschichte der psychoanalytischen Bewegung* publizierte, das eine unnachsichtige und polemische Abrechnung mit Adler und Jung enthält.

Das «Komitee». Von links: Otto Rank (1884–1939), Freud mit der unvermeidlichen Zigarre, Karl Abraham (1877–1925), Max Eitingon (1881–1943), Sándor Ferenczi (1873–1933), Ernest Jones (1879–1958) und Hanns Sachs (1881–1947). Foto von 1922

Parallel zu dem organisationspolitischen und affektiven Aufruhr um Jung zündete Freud eine weitere Bombe, und zwar mit seiner Schrift *Zur Einführung des Narzißmus*, die im selben Band des «Jahrbuchs» erschien wie die *Geschichte der psychoanalytischen Bewegung* und wie diese von der Auseinandersetzung mit Adler und Jung bestimmt ist. Als Bombe kann man sie insofern bezeichnen, als Freud, zur nicht geringen Verwirrung einiger seiner Anhänger, nunmehr bereit – oder reif dafür – war, seine ursprüngliche Triebtheorie, die duale Konstruktion von Sexualtrieben und Ich- bzw. Selbsterhaltungstrieben, aufzugeben und eine Idee einzuführen, die er zuvor, etwa in seiner Arbeit über den paranoiden Senatspräsidenten Schreber, aber auch in *Totem und Tabu*, eher den Perversionen zugerechnet hatte. In der Narzißmusschrift geht Freud soweit, das Phänomen der Selbstliebe nicht länger als eine sexuelle Entwicklungsstufe zum Beispiel bei Kindern einzuordnen, wie er es in den *Drei Abhandlungen zur Sexualtheorie* als *polymorph pervers* beschrieben hatte [146], es vielmehr als praktisch ubiquitär, darum als durchaus normal zu klassifizieren: Wir sind alle Narzißten, weil und insofern jeder Mensch nicht nur über eine *Objektlibido*, sondern genauso über ein gehöriges Quantum *Ichlibido* verfügt.[147] Allerdings trifft Freud hier eine für ihn überaus charakteristische Unterscheidung: Während Männer eher nach *volle[r] Objektliebe* streben, seien Frauen aus verschiedenen Gründen – nicht zuletzt, weil sie unter einer *sozial verkümmerte[n] Freiheit der Objektwahl* leiden (eine bemerkenswert sensible Beobachtung von Freud) – eher zum Narzißmus disponiert, ähnlich wie Katzen, Verbrecher und Humoristen. *Die Bedeutung dieses Frauentypus für das Liebesleben der Menschen ist sehr hoch einzuschätzen. Solche Frauen üben den größten Reiz auf die Männer aus, nicht nur aus ästhetischen Gründen, weil sie gewöhnlich die schönsten sind, sondern auch infolge interessanter psychologischer Konstellationen. Es erscheint nämlich deutlich erkennbar, daß der Narzißmus einer Person eine große Anziehung auf diejenigen anderen entfaltet, welche sich des vollen Ausmaßes ihres eigenen Narzißmus begeben haben und sich in der Werbung um die Objektliebe befinden; der Reiz des Kindes beruht zum guten Teil auf dessen Narzißmus [...]. Es ist so, als beneideten wir [die narzißmusresistenteren Männer] sie um die Erhaltung eines seligen psychischen Zustandes, einer unangreifbaren Libidoposition, die wir selbst seither aufgegeben haben.*[148] Die Schwierigkeiten, welche sich Freud mit dieser Modifikation seiner Triebtheorie einhandelte, bestehen darin, daß die scharfe Scheidung von Sexual- und Ichtrieben dadurch hinfällig wird, daß jetzt auch die Ichtriebe, die bisher nur für die Notwendigkeiten der Selbsterhaltung zuständig waren, energisch sexualisiert werden. Es blieb nicht die letzte triebtheoretische Aporie, der Freud sich auslieferte, und in der Narzißmusschrift konzediert er ebenso freimütig wie resigniert den *völligen Mangel einer irgendwie orientierenden Trieblehre*[149].

Das knappe Jahrzehnt zwischen dem Erscheinen der *Drei Abhandlungen* (1905) und des *Narzißmus* (1914), das mit dem beginnenden Untergang des alten, des bürgerlichen Europa zusammenfällt, war erfüllt von einer ungeheuren wissenschaftlichen Produktivität. Auf der einen Seite baute Freud seine Krankheitslehre aus und erweiterte sie um eine Reihe neuer Aspekte und Einsichten, etwa in die Natur dessen, was er *Übertragung* nannte[150], an deren Nichterfassen seine Behandlung der *Dora* gescheitert war. In der Übertragung wird nach Freud ein *Klischee*[151] wirksam, das durch frühere Erfahrungen mit geliebten oder gehaßten Personen gebildet worden ist und sich später *entweder nur in der Phantasie ausbreiten* darf *oder [...] gänzlich im Unbewußten* verbleibt.[152] In diesem Fall – und es ist der Normalfall –

gewinnt in der sozialen Interaktion das Übertragungsgeschehen seine eigentümliche Gewalt. *Die Übertragung stellt sich in allen menschlichen Beziehungen ebenso wie im Verhältnis des Kranken zum Arzte spontan her, sie ist überall der eigentliche Träger der therapeutischen Beeinflussung, und sie wirkt um so stärker, je weniger man ihr Vorhandensein ahnt.*[153] Ebendiesen spontanen Mechanismus des Unbewußten, die Gegenwart – den Arzt – mit den Eigenschaften der Vergangenheit – Eltern, Geschwister usw. – zu versehen, hatte Freud bei der Behandlung *Doras* nicht durchschaut, weshalb die Geschichte für alle Beteiligten so unbefriedigend endete (und weshalb dieser Fall in der Freud-Literatur bis heute höchst umstritten ist). Zu jener Zeit, um 1900, hatte er noch nicht erkannt, daß der Patient im therapeutischen Setting Übertragungsleistungen vollbringt, die therapeutisch nutzbar gemacht werden können, wenn man sie richtig übersetzt, und noch viel weniger, daß auch der Arzt seinerseits Gefühle produziert, insofern er notwendigerweise dem Einfluß des Patienten auf sein eigenes Unbewußtes ausgesetzt ist. Solche Affekte faßte Freud unter dem Begriff *Gegenübertragung* zusammen. Während aber Freuds spätere Anhänger die Gegenübertragung zu einem subtilen Instrument der Selbst- und Fremdwahrnehmung entwickelten, sah er selber in ihr lediglich einen Störfaktor, den man *bewältigen*[154] müsse, um eine neutrale ärztliche Haltung in der Kur wahren zu können.

In die Jahre zwischen 1905 und 1914 fällt auch die Publikation von zwei der berühmtesten Fallgeschichten Freuds, der *Analyse der Phobie eines fünfjährigen Knaben* (*der kleine Hans*), in welcher er seine Annahmen über die kindliche Sexualität glänzend bestätigt sah, sowie der *Bemerkungen über einen Fall von Zwangsneurose* (*der Rattenmann*), deren Verständnis und Behandlung ihm als besonders kompliziert erschienen. Ergänzt und um einen klinisch so gut wie aussichtslosen Fall erweitert wurden diese großen Krankengeschichten, die Freud als feinfühligen Beobachter und phantasievollen Interpreten ausweisen, durch seinen Kommentar zu Daniel Paul Schrebers «Denkwürdigkeiten eines Nervenkranken» (1903), der seitdem als Klassiker der Psychiatrie-Literatur gilt und Schreber gewissermaßen unsterblich gemacht hat. Gerade an diesem Fall, der ihm nur in Form autobiographischer Aufzeichnungen bekannt war, zeigt sich Freuds enormer Erfindungsreichtum. Der psychoanalytische Zugang zum Schreberschen Wahnsystem war ihm deshalb möglich, weil er erkannte, daß die Paranoiker, *allerdings in entstellter Form, gerade das [...] verraten, was die anderen Neurotiker als Geheimnis verbergen*[155]. Das Entstellte, so kann man sagen, ist zugleich das Offenbare. Wie

Sigmund Freud auf der Veranda seiner Wohnung in der Berggasse 19, von einem seiner Söhne fotografiert. Um 1914

der Neurotiker hat auch der Paranoiker seine eigene *Symbolik*, zu der man nur den passenden Schlüssel finden muß. Deshalb trifft auch auf ihn jener oft zitierte Satz zu, den Freud auf *Dora* gemünzt hatte: *Wer Augen hat zu sehen und Ohren zu hören, überzeugt sich, daß die Sterblichen kein Geheimnis verbergen können.* Das paranoid Entstellte spricht sich aus wie das neurotisch Verborgene, *aus allen Poren dringt ihm der Verrat*[156].

Auf der anderen Seite kämpfte Freud in diesen Jahren energisch darum, das Anwendungsfeld der Wissenschaft vom Unbewußten nach allen Seiten hin zu erweitern. Ihr ärztlich-medizinischer Hintergrund, die Neurosentheorie – *das Mutterland*[157] –, bildete zwar nach wie vor den unbestrittenen Ausgangspunkt aller weiteren Explorationen; aber für Freud stand längst fest, daß es um viel mehr ging als um die medizinische Anwendung der Psychoanalyse, wollte er deren Anspruch, eine allgemeine Psychologie zu sein, festigen und durchsetzen. In diesem Zusammenhang muß ein Mißverständnis korrigiert werden, welches sich, entgegen Freuds erklärter Absicht, seitdem hartnäckig hält. Wenn von der «Anwendung» der Psychoanalyse die Rede ist, so versteht man darunter in der Regel ihren außerklinischen Nutzen, zum Beispiel für die Betrachtung von Werken der Literatur, Musik und bildenden Kunst oder für kulturwissenschaftliche Disziplinen wie Religionswissenschaft, Mythenforschung, Ethnologie, Anthropologie, Philosophie und Soziologie. Im Freudschen Original liest es sich anders. Dort findet sich nirgends der Hinweis auf ein ärztliches Prius gegenüber den nichtärztlichen Anwendungen der Psychoanalyse, wie dies sogar ein profunder Kenner wie Gay nahelegt, wenn er von den «Schriften Freuds über angewandte Psychoanalyse» schreibt[158] und damit deren kulturtheoretische Nutzung meint. Vielmehr verstand und etablierte Freud seine neue Psychologie, die Psychologie des Unbewußten, als Grundlagenwissenschaft, die ganz unterschiedliche Anwendungen erlaubt, von denen die ärztliche nur eine unter vielen ist, und nicht einmal eine besonders privilegierte. In der in den zwanziger Jahren geführten Debatte um die Berechtigung der Laienanalyse hob er hervor, die *korrekt[e]* Grenze liege nicht zwischen der *ärztliche[n] Analyse*[159] im Sinne einer *speziellen Pathologie und Therapie der Neurosen*[160] und den *Anwendungen der Analyse*, sondern *zwischen der wissenschaftlichen Psychoanalyse und ihren Anwendungen auf medizinischem und nichtmedizinischem Gebiet*[161]. Ausdrücklich setzte Freud sich dafür ein, *daß die Psychoanalyse kein Spezialfach der Medizin*[162] und daß sie nicht *von der Medizin verschluckt werde […]: Der Gebrauch der Analyse zur Therapie der Neu-*

rosen ist nur eine ihrer Anwendungen; vielleicht wird die Zukunft zeigen, daß sie nicht die wichtigste ist.[163] Auch hierin sollten Freuds Hoffnungen enttäuscht werden. Seine Schöpfung überlebte im wesentlichen allein deshalb, weil sie sich in die Obhut der Ärzte und Therapeuten begab.

Gemäß dieser Programmatik war es für Freud selbstverständlich, seine wissenschaftliche Psychologie an Gegenständen wie Literatur, bildender Kunst, Religion, Märchen und Mythos zu erproben, wozu er auch seine Schüler explizit aufforderte. Überzeugt vom allgemeinen *kulturellen Wert*[164] der Psychoanalyse, wie er Jung vor ihrem Zerwürfnis mitteilte, und wie ein Eroberer (als welchen Freud sich gerne sah) getrieben, immer neue Kontinente zu besetzen und ihre Geheimnisse zu erforschen, machte sich Freud an eine Deutung von Wilhelm Jensens pompejanischem Phantasiestück «Gradiva» und versuchte herauszufinden, *aus welchem Material an Eindrücken und Erinnerungen der Dichter das Werk gestaltet hat, und auf welchen Wegen, durch welche Prozesse dies Material in die Dichtung übergeführt wurde*[165]. Auch wenn Freud sich später von seiner ursprünglichen Wertschätzung der «Gradiva» distanzierte[166] und damit zugleich von seiner eigenen Schrift aus dem Jahre 1907, so bleibt wirkungsgeschichtlich bedeutsam, daß seine Interpretation sowohl die Surrealisten als auch Thomas Mann, namentlich dessen «Tod in

Thomas Mann (1875–1955). Foto von 1919

Am Fußende der Couch
in der Berggasse 19 hing
neben einem Foto von
Ernst von Fleischl-
Marxow und einer
Reproduktion des
«Ödipus mit der Sphinx»
von Jean Auguste
Dominique Ingres ein
Gipsabdruck der
«Gradiva», eines Relief-
fragments aus dem
2. Jahrhundert (Rom,
Vatikanisches Museum),
mit einem getrockneten
Papyrusstengel im
Rahmen.

Venedig», angeregt hat. An Freuds *Der Wahn und die Träume in
W. Jensens «Gradiva»* lernte der Schriftsteller jene berühmte Ent-
sprechung von Menschheitsgeschichte (Pompeji – Gegenwart) und
individueller Seelengeschichte (Kindheit – Erwachsenenalter) kennen, auf welcher Freud, der Archäologe der Seele wie der Kultur,
stets beharrte. «Tief ist der Brunnen der Vergangenheit» – so beginnt
der Josephsroman, und wenn man diesen Brunnen auslotet, stößt
man zwangsläufig auf den Parallelismus von individueller (Onto-

genese) und kultureller (Phylogenese) Entwicklung. Thomas Manns Tribut an Freud findet sich nicht nur im «Tod in Venedig», sondern ebenso im «Zauberberg», der ohne das Konzept der Verdrängung und ihrer Wiederkehr und ohne die Kenntnis der Gesetze der Traumarbeit – Entstellung, Verdichtung, Zeitlosigkeit des Unbewußten – nicht denkbar ist, selbst wenn man zugesteht, daß hier auch Schopenhauers Philosophie Pate gestanden hat. *Man darf sagen, der Glückliche phantasiert nie, nur der Unbefriedigte.*[167] Anders aber als der normale Neurotiker, der seine Unzufriedenheit über das sozial Verpönte seiner Ambitionen und Wünsche in allerlei Revisionen investiert und so die Wirklichkeit in der Phantasie korrigiert, gelingt es dem Dichter, dem Egoismus des Wunsches eine Gestalt zu geben, die auf *ästhetischen Lustgewinn* zielt und deshalb sozial akzeptabel ist. In diesem Gelingen erkennt Freud *die eigentliche Ars poetica*[168]. Es ist eine Kunst, die der der Witzbildung nah verwandt ist.

Auch Freuds Arbeiten über Leonardo da Vinci (1910), die ihr Autor als *das einzig Schöne* bezeichnete, *das ich je geschrieben*[169], und über den «Moses» des Michelangelo fallen in das umfangreiche Register jener außermedizinischen Anwendungen der Psychoanalyse, die in seinem Werk immer größeren Raum einnahmen. Beide Texte, darauf ist in der Freud-Forschung oft aufmerksam gemacht worden, spiegeln in subtiler Weise Probleme und Spuren von Freuds persönlichem Leben wider. Der gehemmte Homosexuelle Leonardo, als Kleinkind aufgewachsen mit zwei Müttern, der seine Sexualität zu großartigen künstlerischen und wissenschaftlichen Leistungen sublimiert und doch wie unter Zwang nicht imstande ist, seine geistigen «Kinder» in Ruhe wachsen zu lassen, sondern sich immer neuen Projekten zuwendet, die kaum je vollendet wurden – auch Freud sprach rückblickend vom *Stückwerk meiner Lebensarbeit*[170], und vielleicht geschah das nicht nur aus Bescheidenheit –: Diese Gestalt mußte einen Mann wie Freud, dessen schöpferische Gewalt und sublimatorische Kraft gleichermaßen herrisch regierten, einfach faszinieren. Auf einem anderen Blatt steht, daß seine Leonardo-Deutung auf höchst dürftigem biographischem Material und auf einem haarsträubenden Fehler beruht, der das Interpretationskonstrukt faktisch haltlos macht. Auch in seiner Studie über die Moses-Statue des Michelangelo in der römischen Kirche San Pietro in Vincoli mag man etwas von einem «Selbstporträt» (Octave Mannoni)[171] Freuds erkennen. 1914, unmittelbar nach der turbulenten Trennung von Jung anonym publiziert, thematisiert der Essay einen schweren emotionalen Konflikt, in dem Zorn und Aggression einerseits – Moses' Zorn über den Götzendienst der

Leonardo da Vinci. Selbstbildnis. Rötelzeichnung.
Turin, Biblioteca Reale

Kinder Israel, Freuds Aggressionen gegen die Abtrünnigen, die die
Zukunft der Psychoanalyse aufs Spiel setzen –, Affektbeherrschung
und Selbstdisziplin andererseits im Widerstreit liegen. Freuds Moses
entscheidet sich *für das Niederringen der eigenen Leidenschaft zugunsten und im Auftrage einer Bestimmung, der man sich geweiht hat*[172],
für den Erhalt der Gesetzestafeln – darin kann man wohl ein Moment
der Identifizierung Freuds mit der mythischen Figur des Moses sehen. Seine Bestimmung zum Gesetzgeber der Psychoanalyse zählte
letztlich mehr als der persönliche Affekt.

Wie planmäßig Freud in diesen Jahren vorging, um der Psychoanalyse immer neue Anwendungsbereiche (und neue Anhängerschaften
und Sympathisanten) zu gewinnen, wird nicht zuletzt an der erstaun-

Moses. Statue von Michelangelo.
Rom, S. Pietro in Vincoli

lichen Unbedenklichkeit sichtbar, mit der er seine Schrift über *Die «kulturelle» Sexualmoral und die moderne Nervosität* in einer Zeitschrift der bürgerlichen Frauenbewegung plazierte – offenbar sah er in dieser Bewegung potentielle Verbündete. In diesem Aufsatz, der Freud als sexualpolitischen Freigeist ohne ängstliche Rücksicht auf herrschende Konventionen zeigt, plädierte er offen für eine Ermäßigung der – vor allem den Frauen gegenüber – repressiven kulturellen Sexualmoral. Noch einmal, bevor er sich anderen, dunkleren Aspekten des menschlichen Lebens und der Kulturentwicklung zuwandte, den Aggressionen, dem Schuldgefühl, dem Wiederholungszwang, allem also, was cum grano salis *Jenseits des Lustprinzips* liegt, kämpfte Freud unter dem bunten Banner der Libido für eine Gesellschaft, die

61

den *unterdrückten kulturfeindlichen Seelenkräfte[n]*, der Sexualität, so viel Raum gewährt, daß *ein gewisses Maß von individueller Glücksbefriedigung*[173] möglich wird – für Männer wie für Frauen. Andernfalls, so prophezeite Freud, besorge die sexuelle Repression ebendas, was zu verhindern sie vorgibt – eine allgemeine dumpfe Feindseligkeit gegen die Kultur schlechthin.

Den weitreichendsten – und fachwissenschaftlich umstrittensten – Versuch, kulturelle und historische Phänomene mit den Mitteln der Psychoanalyse verständlich zu machen, wagte Freud mit der 1912/13 veröffentlichten vierteiligen Schrift *Totem und Tabu*. Das Buch, das Freuds beträchtliche Kenntnisse der zeitgenössischen ethnologischen und anthropologischen Literatur belegt (was freilich die Fachkritik zu dementieren suchte), stellt sich keine geringere Aufgabe, als den opaken Beginn aller menschlichen Kultur zu erhellen, das erste Auftreten des Homo socialis, der aus Gründen des kollektiven Überlebens in freiwilliger Übereinkunft ein soziales Tabu errichtet. So wie das Kind durch den Ödipuskomplex hindurchgehen muß, um die ersten Regeln und Gebote des sozialen Zusammenlebens in der Familie zu erlernen und zu verinnerlichen, mußte die primitive *Brüderschar* laut Freud sozusagen kollektiv den Ödipuskomplex durchlaufen, freilich nicht in der Phantasie, sondern durch eine gemeinschaftliche Untat, indem sie den omnipotenten, das sexuelle Monopol behauptenden Vater tötete. *Sie [die Brüder] haßten den Vater, der ihrem Machtbedürfnis und ihren sexuellen Ansprüchen so mächtig im Wege stand, aber sie liebten und bewunderten ihn auch. Nachdem sie ihn beseitigt, ihren Haß befriedigt und ihren Wunsch nach Identifizierung mit ihm durchgesetzt hatten, mußten sich die dabei überwältigten zärtlichen Regungen zur Geltung bringen. Es geschah in der Form der Reue, es entstand ein Schuldbewußtsein […]. Sie widerriefen ihre Tat, indem sie die Tötung des Vaterersatzes, des Totem, für unerlaubt erklärten, und verzichteten auf deren Früchte, indem sie sich die freigewordenen Frauen versagten.*[174] Am Anfang aller Kultur steht das Schuldgefühl, aus dem das erste primitive Recht und das Gewissen erwachsen – ohne das Faktum des schuldigen Menschen keine Kultur. Überraschend ist freilich, daß Freud für die Erklärung der Herkunft der Schuldgefühle, des Gewissens und des moralischen Bewußtseins nicht zurückgriff auf das neutestamentliche «Am Anfang war das Wort» oder besser noch «Am Anfang war die Phantasie» – deretwegen er seinerzeit den Alleinvertretungsanspruch der Verführungstheorie verabschiedet hatte –, sondern auf das faustische *Im Anfang war die Tat*[175], weil er an die Realität des Urverbrechens am Vater glaubte. Aus strikt psychoanalytischer, aus

Mit Anna in den Dolomiten, 1913

Silberne Hochzeit in Klobenstein nahe Bozen, 1911. Von links in der Reihenfolge der Tischordnung: Martin, Ernst, Anna, Sigmund, Martha, Mathilde, Minna Bernays, Oliver und Sophie

Freuds eigener Perspektive betrachtet, war dies ein Rückfall hinter seine Einsichten, bedarf es doch zur Annahme des «nachträglichen Gehorsams»[176] der Söhne gegen den Vater nicht des unplausiblen Konstrukts eines tatsächlichen (prä)historischen Ereignisses.

Hält man Totem und Tabu und die Schrift über Die «kulturelle» Sexualmoral gegeneinander, so stößt man bei Freud auf eine scheinbar paradoxe Denkbewegung, die vor allem sein Spätwerk durchzieht und viele seiner Leser ratlos macht. Während Freud einerseits in der individuellen und kulturellen Herausbildung von Gewissen und Moral die schlechterdings notwendige Voraussetzung der Zivilisation erblickt, deren Errungenschaften es gewiß zu verteidigen gelte, ist er andererseits der düstere Visionär einer Kultur, die an der allgegenwärtigen Prädominanz der Schuldgefühle und der daraus resultierenden Verbote und moralischen Vorschriften, die wiederum das Subjekt unweigerlich in die Neurose treiben, zu ersticken droht. Befolgt letzteres den Auftrag der Kultur – Jeder Triebverzicht wird [...] eine dynamische Quelle des Gewissens, jeder neue Verzicht steigert dessen Strenge und Intoleranz[177] –, wird es krank; verweigert es sich der geforderten Arbeit an der Kultur, unterhöhlt es deren Fundamente und stürzt sie in die Anarchie. Wie Ödipus, der dem Weissspruch des Orakels dadurch zu entgehen sucht, daß er die äußeren Bedingungen der Voraussage außer Kraft setzt und gerade deshalb und erst recht schuldig wird, gibt es für das Freudsche Subjekt zwischen Trieb und Kultur keinen Ort, an dem es sich unschuldig aufhalten könnte. Vielleicht ist es dieser Skandal des «Kein Ort. Nirgends» (Christa Wolf), der die Freudsche Lehre für viele so unannehmbar macht – der Skandal des schuldlos schuldigen Menschen.

Bei all dem, was Freud in dem Jahrzehnt zwischen 1905 und 1914 an theoretischen Einsichten gewann und an praktischen Erfordernissen mit Rücksicht auf das Gedeihen und den Zusammenhalt der psychoanalytischen Bewegung durchsetzte, darf nicht vergessen werden, daß er eine inzwischen gutgehende ärztliche Praxis betrieb, die ihm täglich für viele Stunden Patienten bescherte, daß er eine große Familie hatte, um deren Wohlergehen er sich nach dem Zeugnis der ihm Nahestehenden angemessen zu kümmern pflegte, daß er jeden Samstagabend Tarock spielte und sonntags seine alte Mutter besuchte, daß er immerhin zwanzig Zigarren pro Tag bewältigte, daß er Vorlesungen und Vorträge hielt und daß er, der die technische Erfindung des Telefons haßte, ein ebenso leidenschaftlicher wie pünktlicher Briefschreiber war – das noch längst nicht vollständig erschlossene und publizierte Corpus von Freuds Korrespondenz steht hinter dem seines veröffentlichten Werkes wohl kaum zurück. «Ordnung und Disziplin ermöglichten es Freud, mit beispielhafter Regelmäßigkeit jede Minute seiner Zeit sinnvoll auszufüllen. Nur wenige Heime glichen weniger dem eines Revolutionärs, der die Welt verändern sollte.» Dazu gehörte allerdings auch, wie Freuds Biograph Ronald Clark anmerkt, daß Martha Freud, ohne eigene intellektuelle Ambitionen, «die letzten beiden Drittel der Kirche-Küche-Kinder-Philosophie» strikt befolgte [178] – zu seiner Entfaltung brauchte das Freudsche Genie einen vollkommen konventionellen Rahmen.

Dunkle Kontinente der Seele.
Die Libido wird entmächtigt
(1915–1923)

Das mit dem Ausbruch des Ersten Weltkriegs einsetzende «Zeitalter der Extreme» (Eric J. Hobsbawm) schrieb sich auf unübersehbare Weise auch in das Werk Freuds ein. Der Radikalisierung der Politik und der Massen, dem bis dahin unvorstellbaren Vernichtungswillen,

Sigmund Freud. Radierung
von Hermann Struck, 1914

den der Krieg freisetzte, entspricht eine Radikalisierung der Freudschen Theorie, deren sich ihr Schöpfer zunächst vermutlich gar nicht
bewußt war, wenngleich er noch vor Ende des ersten Kriegsjahres an
Lou Andreas-Salomé ahnungsvoll schrieb, *daß ich und meine Alters-
genossen die Welt nicht mehr froh sehen werden* [179], es komme alles genau so, wie es sich die Psychoanalyse realistischerweise ausmalen
sollte. Hatte Freud bis zu diesem Zeitpunkt seine Theorie im großen
und ganzen unter das Zeichen einer erregenden Libido gestellt, deren
Macht man anerkennen und die man aus ihren kulturell auferlegten
Fesseln befreien müsse, was seiner Theorie insgesamt einen optimi-
stisch-aufklärererischen Anstrich gibt, so machte sich jetzt zunehmend
ein desillusionierter, ja pessimistischer Zug geltend, welcher die Kehr-
seite von Aufklärung, Zivilisation und Fortschritt ins Auge faßt. Wenn
der Krieg mit seinen Massenschlächtereien nicht einfach nur ein irra-
tionaler Rückfall in die Barbarei ist, vielmehr unabwendbare Antwort
einer Gesellschaft, in der *Kulturheuchelei* [180] oberstes Gebot ist, dann
kann man ihm nicht mit wohlmeinenden humanitären und moralischen
Parolen begegnen, sondern allein mit unnachsichtiger Demaskierung
der herrschenden Kultur und der ihr innewohnenden Gewalt. Für den

Freud von *Zeitgemäßes über Krieg und Tod* (1915) ist die moderne Zivilisation, oder besser: Kultur überhaupt, eine Sache von so enormem Zumutungscharakter, daß sie die Fähigkeiten der Menschen, sich zivilisiert zu verhalten, schlicht überfordert. Insgeheim sei vielleicht so mancher gar froh, den Krieg als willkommenen Anlaß und Vorwand nehmen zu können, den ihm aufgezwungenen *Kulturgehorsam*[181] aufzukündigen, genauso wie es der Traumzustand erlaube, auf eine archaischere und primitivere seelische Ebene zurückzukehren, als es der Wachzustand zuläßt: *Seitdem wir auch tolle und verworrene Träume zu übersetzen verstehen, wissen wir, daß wir mit jedem Einschlafen unsere mühsam erworbene Sittlichkeit wie ein Gewand von uns werfen – um es am Morgen wieder anzutun.*[182] Daß der Mensch gut und sittlich sei und daß er deshalb den Krieg bloß als *Enttäuschung*[183] erlebe und nicht auch als eine Befreiung von kulturellen Normen und Zwängen, sei eine wohlmeinende und konventionelle Illusion: *Illusionen empfehlen sich uns dadurch, daß sie Unlustgefühle ersparen und uns an ihrer Statt Befriedigungen genießen lassen.*[184]

Freud war nunmehr, infolge seiner eigenen *Enttäuschung* über die Roheit und Radikalität der Kriegführung zwischen zivilisierten Nationen, bereit, *Unlustgefühle* bei sich zu akzeptieren, indem er der

Erster Weltkrieg: Verbandplatz hinter der Front

IMAGO

ZEITSCHRIFT FÜR ANWENDUNG DER PSYCHO-
ANALYSE AUF DIE GEISTESWISSENSCHAFTEN
HERAUSGEGEBEN VON PROF. DR. SIGM. FREUD

SCHRIFTLEITUNG:
IV. 1.   DR. OTTO RANK / DR. HANNS SACHS   1915

Zeitgemäßes über Krieg und Tod.
Von SIGM. FREUD.

I. Die Enttäuschung des Krieges.

Von dem Wirbel dieser Kriegszeit gepackt, einseitig unterrichtet, ohne Distanz von den großen Veränderungen, die sich bereits vollzogen haben oder zu vollziehen beginnen, und ohne Witterung der sich gestaltenden Zukunft, werden wir selbst irre an der Bedeutung der Eindrücke, die sich uns aufdrängen, und an dem Wert der Urteile, die wir bilden. Es will uns scheinen, als hätte noch niemals ein Ereignis soviel kostbares Gemeingut der Menschheit zerstört, soviele der klarsten Intelligenzen verwirrt, so gründlich das Hohe erniedrigt. Selbst die Wissenschaft hat ihre leidenschaftslose Unparteilichkeit verloren; ihre aufs tiefste erbitterten Diener suchen ihr Waffen zu entnehmen, um einen Beitrag zur Bekämpfung des Feindes zu leisten. Der Anthropologe muß den Gegner für minderwertig und degeneriert erklären, der Psychiater die Diagnose seiner Geistes- oder Seelenstörung verkünden. Aber wahrscheinlich empfinden wir das Böse dieser Zeit unmäßig stark und haben kein Recht, es mit dem Bösen anderer Zeiten zu vergleichen, die wir nicht erlebt haben.

Der Einzelne, der nicht selbst ein Kämpfer und somit ein Partikelchen der riesigen Kriegsmaschinerie geworden ist, fühlt sich in seiner Orientierung verwirrt und in seiner Leistungsfähigkeit gehemmt. Ich meine, ihm wird jeder kleine Wink willkommen sein, der es ihm erleichtert, sich wenigstens in seinem eigenen Innern zurechtzufinden. Unter den Momenten, welche das seelische Elend der Daheimgebliebenen verschuldet haben, und deren Bewältigung ihnen so schwierige Aufgaben stellt, möchte ich zwei hervorheben und an dieser Stelle behandeln: Die Enttäuschung, die dieser Krieg hervorgerufen hat, und die veränderte Einstellung zum Tode, zu der er uns — wie alle anderen Kriege — nötigt.

Wenn ich von Enttäuschung rede, weiß jedermann sofort, was

Imago IV.1

Erstdruck von
«Zeitgemäßes über Krieg
und Tod», 1915

Einsicht in die Dialektik der Aufklärung – «Die Geschichte der Zivilisation ist die Geschichte der Introversion des Opfers. Mit anderen Worten: die Geschichte der Entsagung»[185] – weitreichende Zugeständnisse machte. Die menschliche Kultur als ganze erscheint jetzt in einem Licht, in welchem zivilisierter Fortschritt und kulturelle Evolution unauflösbar mit der Unterdrückung und Knebelung dessen verwoben sind, was der Mensch «eigentlich» und seiner (Trieb-)Natur nach ist: eine Wunschmaschine. Deshalb ist Kultur von Anbeginn an auf ihr notwendiges Mißlingen angelegt. Der Krieg, so Freud, enthüllt nur das, was der moderne Kulturmensch so töricht zu verleugnen trachtet – seine konstitutionelle Kulturunfähigkeit. *Er streift uns die späteren Kulturauflagerungen ab und läßt den Urmenschen in uns wieder zum Vorschein kommen*, dessen seelische Physiognomik Freud in *Totem und Tabu* so plastisch entworfen hatte und von dem er im Sinne des Psycholamarckismus glaubte, er übertrage seine seelischen Eigenschaften als *phylogenetisches Erbe*[186] auf die nachfolgenden Generationen. *Gerade die Betonung des Gebotes: Du sollst nicht töten, macht uns sicher, daß wir von einer unendlich langen Generationsreihe von Mördern abstammen, denen die Mordlust, wie vielleicht noch uns selbst, im Blute lag.*[187]

Die Hinwendung Freuds zu Themen wie Aggression und Tod, seine mitten in den Krieg fallende Beschäftigung mit der schon damals überholten Lehre des französischen Evolutionstheoretikers Jean-Baptiste Lamarck (über den er sich intensiv mit Ferenczi austauschte), sein Interesse für *Trauer und Melancholie* (1916/17), schließlich die Formulierung und Ausarbeitung der Todestriebhypothese in *Jenseits des Lustprinzips* (1920) – all das hat sicher komplexere Hintergründe als bloß den, daß die scheinbar heile bürgerliche Welt von vor 1914 sich selbst zerstörte und daß Freuds eigene Söhne im Verlauf des Krieges als Soldaten einrücken mußten. Freuds Verzweiflung hatte noch andere Gründe, nicht zuletzt weil er fürchten mußte, daß seine originelle Schöpfung, die er bisher gegen alle Fährnisse und Anfeindungen hatte schützen können, durch den Krieg in Mitleidenschaft gezogen würde. Die Verbindung zu seinen treuesten Anhängern war gestört, der Brite Ernest Jones stand auf der Seite der Kriegsgegner von Deutschland und Österreich, ihm hatte Freud in einem häßlichen Anfall von Chauvinismus die *Borniertheit des Engländers*[188] vorgeworfen, weil der es gewagt hatte, Deutschlands Fähigkeit zum Sieg in Frage zu stellen (er sollte recht behalten). Und Freud wurde alt. Bis zur Diagnose seines Kieferkrebses und zur ersten Operation (1923) waren es nur noch wenige Jahre. Es kam vieles zusammen, Politisches, Berufliches, Persönliches, das Freud veranlaßte, die Welt unfreundlicher zu betrachten als zuvor.

Vielleicht gerade aufgrund des Zeitgewinns, den der Krieg für ihn brachte – voller Sorge registrierte Freud, der eine vielköpfige Familie zu ernähren hatte, daß ein Teil seiner Patienten fortblieb –, konnte er ein Projekt in Angriff nehmen, das ihn bereits früher, im *Entwurf einer Psychologie* von 1895 und im siebten Kapitel der *Traumdeutung*, beschäftigt hatte: die Ausformulierung dessen, was er *Metapsychologie*[189] taufte, von welcher schon in den Fließ-Briefen die Rede ist. Unter Metapsychologie verstand Freud die allgemeinste und abstrakteste begriffliche Zusammenfassung seiner Psychologie, und zwar *nach [ihren] dynamischen, topischen und ökonomischen Beziehungen*[190], das heißt nach Maßgabe der Darstellbarkeit psychischer Phänomene in konfliktpsychologischer Hinsicht, was die unbewußten Kräfte betrifft, in differentieller Perspektive, was die unterschiedlichen Systeme und «Orte» der Psyche angeht, sowie in energetischer

Sicht, was die Quantitäten und Umwandlungen psychischer Energien berührt: *Absicht dieser Reihe [metapsychologischer Texte] ist die Klärung und Vertiefung der theoretischen Annahmen, die man einem psychoanalytischen System zu Grunde legen könnte.*[191] Wie die Metaphysik der Philosophen sollte die Metapsychologie, Freuds *Ideal- und Schmerzenskind*[192], dazu taugen, die letzten Gründe und Zusammenhänge des menschlichen psychischen Kosmos zu erklären, selbstverständlich unter Einschluß der Biologie, von der Freud nicht abließ. Obwohl er in seinen Briefen aus jener Zeit von insgesamt *zwölf Abhandlungen*[193] zur Metapsychologie spricht, erschienen zwischen 1915 und 1917 tatsächlich nur fünf. Die restlichen gelten seitdem als verschollen (oder wurden nie geschrieben); erst 1983 wurde eher zufällig der Entwurf der zwölften Abhandlung gefunden und zwei Jahre später publiziert, die *Übersicht der Übertragungsneurosen*[194]. Freuds metapsychologische Schriften, allen voran *Das Unbewußte*, *Die Verdrängung* und *Triebe und Triebschicksale*, zu denen man noch die Arbeiten *Formulierungen über die zwei Prinzipien des psychischen Geschehens* (1911) sowie *Jenseits des Lustprinzips* und *Das Ich und das Es* (1923) rechnen muß, zählen sowohl zu den wichtigsten theoretischen Texten, die ihr Autor verfaßt hat, als auch zu den schwierigsten und unzugänglichsten. In der Freud-Nachfolge hat es seitdem immer wieder Stimmen gegeben, die dazu rieten, die Metapsychologie ganz auf sich beruhen zu lassen.

Blieb die Serie der zwölf Abhandlungen aus Gründen, die man nur ahnen kann, ein Fragment, so präsentieren sich Freuds *Vorlesungen zur Einführung in die Psychoanalyse*, die er mitten im Krieg an der Wiener Universität hielt, als ein Stück wie aus einem Guß, als eine gelungene Synopse und Popularisierung der psychoanalytischen Lehre, die, als sie in Buchform erschien, schon zu Freuds Lebzeiten enorm hohe Auflagen erreichte. In den *Vorlesungen*, die mit der Erläuterung der Fehlleistungen und das heißt mit einem Element der Alltags- und Normalpsychologie beginnen, fand Freud zu der berühmten Formulierung von den drei Kränkungen, welche die Menschheit durch die moderne Wissenschaft habe hinnehmen müssen, unter denen die durch die Psychoanalyse die *empfindlichste Kränkung* sei, indem sie zeige, daß das *Ich [...] nicht einmal Herr im eigenen Hause [ist], sondern auf kärgliche Nachrichten angewiesen bleibt von dem, was unbewußt in seinem Seelenleben vorgeht*[195]. Diese unerfreuliche Nachricht, die nur die knappste Zusammenfasssung alles dessen darstellt, was Freud seit der *Traumdeutung* zu sagen hatte, wiederholte er wenig später in seiner Schrift über *Eine Schwierigkeit der Psychoanalyse*, in

Mit den Söhnen Ernst und Martin, 1916

der von *fremden Gäste[n]* die Rede ist,[196] die das Ich nicht unter Kontrolle habe.

Allen vitalen Energien zum Trotz, über die Freud zweifellos verfügte, blieben die sich verschärfenden kriegsbedingten Entbehrungen aufgrund rationierter Nahrungs- und Heizmittel und die ständige Sorge um seine *drei Krieger*[197], die im Feld stehenden Söhne Martin, Oliver und Ernst, nicht ohne Auswirkungen auf Freuds Stimmung. Sein anfänglicher – und etwas befremdlicher – k.u.k. Patriotismus war gründlich verflogen. «Die letzten Tage der Menschheit» erwiesen sich keineswegs als eine satirische Übertreibung Karl Kraus', sondern als blanke Realität, die auch die Bewohner der Berggasse 19 erfaßte. Aus Freuds Briefen der letzten Kriegsjahre an Ferenczi, Abraham und Andreas-Salomé klingt mehr als einmal ein Ton von Müdigkeit und Resignation, er bekannte sich *des Ringens überdrüssig*: *Ich kann [...] kaum mehr lesbar schreiben. Vielleicht trägt auch die ungewohnte Ernährung, ich bin Fleischfresser gewesen, zu meiner Abspannung bei.*[198] Überdies zerschlug sich seine kleine Hoffnung, er werde mit dem Nobelpreis für Physiologie bzw. Medizin ausgezeichnet. Diese

Hoffnung hegte Freud noch mehr als zehn Jahre. 1929 notierte er in seiner *Kürzesten Chronik*: *im Nobelpreis übergangen*[199]. Aber er wollte noch nicht ganz verzagen. Erst ein Jahr später schickte er sich in das Unabänderliche: *Im Nobelpreis endgiltig ubergangen.*[200] Dabei blieb es.

Zwei Glücksfälle, für Freud in der Dunkelheit dieser Zeit ganz unvermutet, bestimmten das letzte Kriegsjahr. Anton von Freund, ein ungarischer Industrieller, den Freud in Behandlung hatte, vermachte dem psychoanalytischen Unternehmen, das durch den Krieg stark gelitten hatte, eine bedeutende Geldsumme, die Freud in die Lage versetzte, sich von seinem nach Jones' Urteil ungeliebten Verleger Hugo Heller zu trennen und einen eigenen Verlag zu gründen, der ihn von Verlegerlaunen unabhängig machte. Es sollte sich herausstellen – und das gehört nicht zu den geringsten Lebensleistungen Freuds –, daß der 1919 eröffnete Internationale Psychoanalytische Verlag eine durchaus erfolgreiche, wenn auch stets zuschußbedürftige Gründung war, mit der Freud das weitere publizistische Schicksal seiner Schriften in die eigenen Hände nahm. Freud erwies sich im folgenden als ein ebenso passionierter wie fähiger Verleger, auf den das Klischee vom weltfremden und unpraktischen Stubengelehrten ohne Sinn für kommerzielle Dinge überhaupt nicht paßt.[201] Sein eigener Verleger zu sein und Bücher seiner Wahl drucken zu können, muß für ihn, den *Bücherwurm*, dessen *erste Leidenschaft meines Lebens*[202], wie er in der *Traumdeutung* bekennt, Bücher waren, ein unvorstellbares Glück bedeutet haben. Der Urheber dieses Glücks, von Freund, starb bereits 1920; Freud widmete ihm einen dankbar-noblen Nachruf.[203]

Der zweite Glücksfall hing unmittelbar mit den Folgen des Weltkriegs zusammen. Das Elend der sogenannten Kriegsneurotiker, wie jene Soldaten hießen, die durch ihre Fronterfahrungen schwer traumatisiert waren, war gleichsam das Glück der Psychoanalyse. Während eine Reihe von Militärpsychiatern jener Zeit den Teufel mit Beelzebub austrieben und die traumatisierten Frontsoldaten mit barbarischen Methoden – Isolationsfolter, Zwangsexerzieren und Anwendung schmerzhafter elektrischer Schläge – für weitere Fronteinsätze «therapierte», weshalb Freud diese Therapeuten mit *Maschinengewehren hinter der Front*[204] verglich, fanden die Psychoanalytiker zu der Erkenntnis, daß sich bei den Kriegsneurosen ebendas geltend mache, was sie paradigmatisch an den *Friedensneurosen*[205], etwa der Hysterie, herausgearbeitet hatten – die psychische Ätiologie dieser schweren Neurosenform. Die fixe Idee mancher Militärpsychiater,

Anton von Freund
(1880–1920)

bei den Kriegsneurotikern handle es sich weithin um Simulanten und
Drückeberger, wurde dementsprechend zurückgewiesen. Auf dem
fünften internationalen Kongreß der Analytiker im September 1918
in Budapest, bei dem auch Regierungsvertreter anwesend waren,
erlebte Freuds Krankheitslehre samt ihren therapeutischen Implika-
tionen eine Art offiziellen Durchbruch – plötzlich war die Psychoanalyse in aller Munde. Die fähigsten Kliniker aus Freuds Anhängerschaft – Karl Abraham, Max Eitingon, Sándor Ferenczi und Ernst
Simmel – eroberten der Psychoanalyse mit ihren einschlägigen praktischen Arbeiten ein unerwartetes Renommee. Es war Freuds erster
Triumph über die Psychiatrie, von der er bis dahin soviel Zurückwei-
sung erfahren hatte. Unabhängig von dieser Erfahrung muß man sich
freilich fragen, ob und wieviel Freud tatsächlich an der Anerkennung
durch die Psychiatrie seiner Zeit gelegen war. Abgesehen vom «Fall
Schreber», mit dem er nur literarisch konfrontiert war, und einigen
wenigen Ausnahmen hat man Gründe zu vermuten, daß Freud mit
schwer gestörten Patienten wenig anfangen konnte – die intelligente-
ren Neurotiker lagen ihm mehr, das heißt im Prinzip jener Typus, den
er selbst repräsentierte. Zu solch ablehnender Haltung mögen nicht
nur seine Erfahrungen an der Klinik von Theodor Meynert in den
achtziger Jahren beigetragen haben, sondern auch die mit einigen sei-

ner Schüler (C. G. Jung, der im Konflikt mit Freud zur Dekompensation neigte, Otto Groß mit seinen psychotischen Schüben und Viktor Tausk, der 1919 Selbstmord beging). Darüber hinaus kann man die Auffassung vertreten, daß Freuds Fremdheit dem psychiatrischen Universum gegenüber generell etwas mit seiner Relativierung der ärztlichen Rolle und mit seiner Orientierung an einer *Normalpsychologie* zu tun hatte, die erkennbar auf eine allgemeine Anthropologie hinauslief. Freud selber bekannte jedenfalls zehn Jahre nach dem Krieg eine *merkwürdige Art von Intoleranz* gegenüber Psychotikern und anderen psychisch Schwerkranken: *Ich gestand mir endlich, [...] daß ich diese Kranken nicht liebe, daß ich mich über sie ärgere, sie so fern von mir und allem Menschlichen empfinde.* Und dann fragte er sich, ob dies womöglich *die Folge einer immer deutlicher gewordenen Parteinahme für den Primat des Intellekts [ist], [...] Ausdruck einer Feindseligkeit gegen das Es? Oder was sonst?*[206] Auch wenn man in dieser Favorisierung des Intellekts und der intellektuellen Funktionen – *Wo Es war, soll Ich werden*[207] –, die in den späten kulturtheoretischen Schriften zu ungeahnten Ehren kommen, eine etwas fragwürdige Konzession Freuds an rationalistische oder sogar idealistische Weltauffassungen sieht, die wenig mit seiner dunklen und Es-freundlichen Trieblehre zusammenpaßt, ist die Rückhaltlosigkeit und menschliche Größe zu bemerken, mit welcher Freud eine menschliche Schwäche bei sich einräumt.

Nach dem Budapester Kongreß mit seinem kurzen Erfolg begannen die Jahre des Ruhms. So armselig die äußeren Verhältnisse im auf Kleinstaatformat geschrumpften Nachkriegsösterreich waren und so sehr auch Freud darunter zu leiden hatte, so unaufhaltsam stieg die Psychoanalyse nun zur Weltmacht auf. Sichtbarstes Zeichen dieses Aufstiegs war die Gründung eigener psychoanalytischer Ausbildungsinstitute; das erste entstand zu Beginn der zwanziger Jahre in Berlin und diente allen späteren Gründungen als richtungweisendes Modell.

Jetzt war Freud eine Zelebrität, deren Name und Rat gefragt waren. Aus Amerika, England und anderen europäischen Ländern zogen Pilgerscharen nach Wien, um vom Meister die höheren Weihen zu erlangen. Aus London kamen Joan Riviere sowie Alix und James Strachey, Freuds spätere Übersetzer und Herausgeber der «Standard Edition» des Freudschen Werkes, die zugleich enge Verbindungen zum Bloomsbury-Kreis um Leonard und Virginia Woolf und deren avantgardistische Hogarth Press pflegten. Die Amerikaner waren durch den Psychiater und Anthropologen Abram Kardiner vertreten,

Prinzessin
Marie Bonaparte
(1882–1962)

der später ein Buch über «Meine Analyse bei Freud» veröffentlichte. Noch in den späten zwanziger und frühen dreißiger Jahren behandelte Freud amerikanische Patienten wie Smiley Blanton und die Schriftstellerin Hilda Doolittle, an deren in harter Währung gezahlten Honoraren ihm stets gelegen war. Die Französin Marie Bonaparte stieß Mitte der zwanziger Jahre zum engeren Kreis um Freud, ebenso die Amerikanerin Dorothy Burlingham, die Anna Freuds engste Freundin werden sollte. In Italien kümmerte sich Edoardo Weiss um die Übersetzung und Verbreitung der Freudschen Lehre. Ganz zu schweigen von der zahlreichen neuen Anhängerschaft in Deutschland und Österreich, darunter Freuds späterer Biograph Siegfried Bernfeld, Otto Fenichel, Karen Horney, Melanie Klein und Wilhelm Reich. Auch wenn nicht übersehen werden darf, daß die Psychoanalyse nach wie vor gewissen Gehässigkeiten und Diffamierungen ausgesetzt war, konnte doch kein Zweifel sein, daß sie seit Mitte der zwanziger Jahre im Zenit ihres internationalen Ansehens stand. Bekannte Schriftsteller, Künstler und Wissenschaftler – Romain Rolland, Arnold Zweig, Stefan Zweig, Thomas Mann, Salvador Dalí und Albert Einstein, um nur einige zu nennen – hielten sich etwas darauf zugute, in persönlichem Kontakt mit der Wiener Autorität zu stehen oder mit ihr zu korrespondieren.

Freud aber ließ sich von alldem weder irritieren noch korrumpieren. Als er 1920 *Jenseits des Lustprinzips* veröffentlichte, mutete er der psychoanalytischen Welt eine Schrift zu, von deren Schärfe und radikaler Wucht sie sich eigentlich nie erholen sollte. In diesem schmalen Buch – das von manchen irrtümlicherweise als unmittelbare Reaktion Freuds auf den Tod seiner Tochter Sophie betrachtet wurde – stellt sein Autor nichts Geringeres als eine vollständig revidierte Triebtheorie vor, die dem Todestrieb einen zentralen Platz im menschlichen Triebleben einräumt. Auch wenn Freud vorsichtshalber zugibt, daß es sich bei der Einführung eines Todestriebs um eine *Spekulation, oft weitausholende Spekulation*[208] handelt, läßt er keinerlei Ausflüchte gelten: *Unsere Auffassung war von Anfang an eine dualistische* – nämlich in der Konzeption von Sexual- und Ich-/Selbsterhaltungstrieben, von Lustprinzip und Realitätsprinzip, von Primärprozeß und Sekundärprozeß – *und sie ist es heute schärfer denn zuvor, seitdem wir die Gegensätze nicht mehr Ich- und Sexualtriebe, sondern Lebens- und Todestriebe benennen.*[209] Daß es Erscheinungen wie Haß und Aggressivität gegen andere, aber auch die Paradoxien des Masochismus, des Selbsthasses und der Selbstvorwürfe, der permanenten Schuldgefühle und des *Wiederholungszwanges*[210] gebe, welch letzterer bewirkt, daß unangenehme Erfahrungen nicht gemieden, sondern wiederholt werden, hatte Freud zwar auch früher schon gesehen, aber er hatte sie nicht systematisch in seine Theorie integriert. Um diese Phänomene angemessen berücksichtigen zu können und ihnen den Platz einzuräumen, den er jetzt für notwendig hielt, sah sich Freud gezwungen, die Klassifikation der Triebe in Sexual- und Selbsterhaltungstriebe aufzugeben und einen gegenüber diesen selbständigen Aggressionstrieb oder Todestrieb anzunehmen, dessen Ziel die Destruktion ist – eine Zerstörung, die sich gleichermaßen gegen das Fremde wie das Eigene wendet. In dieser neuen Konstruktion, die den *Streit der Giganten*, den *Kampf zwischen Eros und Tod*[211] als den alles psychische Leben determinierenden Konflikt begreift, ist freilich kein Raum mehr für das Postulat basaler Ichtriebe im Sinne einer biologischen Selbsterhaltungsfunktion; vielmehr ist das Ich jetzt derart depotenziert, daß es, wie Freud in *Das Ich und das Es* zeigen wird, nurmehr eine prekäre Stellung zwischen den antagonistischen Instanzen des Es und des Über-Ich behauptet. Von nun an zählt allein noch der Triebdualismus von lebenserhaltenden und lebenszerstörenden Grundtendenzen, ihr unauflösliches Gegen- und Ineinander als kulturkonstituierendes Prinzip schlechthin. Das Lustprinzip, das bereits durch die *Einführung des Narzißmus* ins Wanken geraten war, hat jetzt endgültig seine alles beherrschende Bedeutung verloren und muß sich die Welt mit einem mächtigen Gegenspieler teilen. *Das Unbehagen in der Kultur*, das Freud zehn Jahre nach *Jenseits des Lustprinzips* diagnostizierte, hat seinen tiefsten Grund darin, daß die Aggression nach außen, die Freud zufolge legitime Ansprüche im menschlichen Leben anmelden darf, im Dienst der Kulturentwicklung gehegt und unterdrückt werden muß, was zwangsläufig dazu führt – denn gänzlich verschwinden kann sie ja nicht –, daß sie *introjiziert, verinnerlicht, [...] dorthin zurückgeschickt [wird], woher sie gekommen ist, also gegen das eigene Ich gewendet. Dort wird sie von einem Anteil des Ichs übernommen, das sich als Über-Ich dem übrigen entgegenstellt, und nun als «Gewissen» gegen das Ich dieselbe strenge Aggressionsbereitschaft ausübt, die das Ich gerne an anderen, fremden Individuen befriedigt hätte. Die Spannung zwischen dem gestrengen Über-Ich und dem ihm unterworfenen Ich heißen wir Schuldbewußtsein; sie äußert sich als Strafbedürfnis.*[212] In ihrem Inneren, so der Freudsche Befund, spüren die Individuen, daß ihre Schuldgefühle und das dumpfe Bedürfnis nach Selbstbestrafung etwas mit jener Veranstaltung zu tun haben, der sie zum Zweck kollektiver Selbsterhaltung ihren Tribut entrichten: mit der bestehenden Kultur. Daher ihr Unbehagen, das sich als unbewußte Feindseligkeit gegen die Kultur äußert.

Über die Sprengwirkung seiner triebtheoretischen Revolution, deren biologische und evolutionstheoretische Unterfütterung ins Auge fällt und die sich von dem Gedanken Schopenhauers leiten läßt, daß *der Tod «das eigentliche Resultat» und insofern der Zweck des Lebens ist*[213] – ein Gedanke, den er in verwandter Form auch bei der russischen Analytikerin und Jung-Schülerin Sabina Spielrein angetroffen hatte[214] –, war sich Freud von Beginn an im klaren. Noch Jahre später kam er mehrfach auf seine Provokation, und auf die Widerstände gegen sie, zu sprechen: *Ich erinnere mich meiner eigenen Abwehr, als die Idee des Destruktionstriebs zuerst in der psychoanalytischen Literatur – eben bei Spielrein – auftauchte, und wie lange es dauerte, bis ich für sie empfänglich wurde. Daß andere dieselbe Ablehnung zeigten und noch zeigen, verwundert mich weniger. Denn die Kindlein,* notiert Freud mit mildem Sarkasmus, *sie hören es nicht gerne [...].*[215]

Allerdings verfügte Freud auch über eine Portion Selbstironie. Wenn er am Ende von *Jenseits des Lustprinzips* den Dichter Friedrich Rückert zitiert («Was man nicht erfliegen kann, muß man erhinken [...]. Die Schrift sagt, es ist keine Sünde zu hinken»[216]), so belehrt einen das Zitat sowohl über seine Selbsteinschätzung als Wissenschaftler und den Stil seines wissenschaftlichen Arbeitens als auch über den gleichsam eingebauten Selbstzweifel, der gerade über Freuds späten Texten liegt, die einen immer stärkeren Hang zum Spekulativen, ja Mythologischen zeigen. Auch *Massenpsychologie und Ich-Analyse* von 1921, vielleicht unter dem Einfluß der Tatsache entstanden, daß die psychoanalytische Bewegung nach dem Ende des Krieges einen beträchtlichen Aufschwung erfuhr und Freud jetzt so etwas wie der Führer einer Massenbewegung war, ist von einem Geist durchweht, der immer weniger Rücksicht auf kleinteiliges Argumentieren und begrenzte – sei's klinische, sei's außerklinische – Erfahrungszusammenhänge nimmt, vielmehr unmittelbar auf die Erfas-

MASSENPSYCHOLOGIE
UND
ICH-ANALYSE

VON

PROF. SIGM. FREUD

INTERNATIONALER
PSYCHOANALYTISCHER VERLAG G. M. B. H.
LEIPZIG WIEN ZÜRICH
1921

«Massenpsychologie
und Ich-Analyse», 1921,
Titelblatt

sung des Großen und Ganzen zielt – das konnte nicht anders als in höchst spekulativer Form vor sich gehen. Nichtsdestoweniger bedeutet diese Schrift Freuds wichtigsten Beitrag zur *Sozialpsychologie*[217].

Unter Rückgriff auf Gustave Le Bons «Psychologie der Massen» (1895), dessen Phänomenologie der Massen er übernahm, machte Freud sich daran, das auch von Le Bon nicht gelöste Problem zu klären, wie die Kohäsion der Masse untereinander und von Masse und Führer sowie die Unterwerfungsbereitschaft von Massen unter die Autorität einer Person (oder auch einer abstrakten Idee wie die der Nation) zustande kommen. Noch einmal leistete ihm dabei der Begriff der Libido gute Dienste. Denn es seien *Liebesbeziehungen*, die *[...] das Wesen der Massenseele ausmachen*[218]. Um als einzelner in der Masse – Freud konkretisiert das am Beispiel zweier *künstliche[r] Massen*, von *Kirche und Heer*[219] – aufzugehen und einem Führer zu folgen, bedarf es ambivalenzfreier positiver Gefühlsbindungen, der *Identifizierung*[220], welche, genetisch älter als die ödipale Beziehung, die früheste und ursprünglichste Form der Gefühlsbindung sei. Während die Menschen normalerweise, wie Freud anhand der berühmten Schopenhauerschen Parabel von den frierenden Stachelschweinen illustriert[221], dazu neigen, allzu intime Nähe zu ihresgleichen zu vermeiden und einen gewissen Abstand zu wahren, ist dieser Affekt nun außer Kraft gesetzt. Die Aufgabe der (selbst)kritischen Instanz durch die Identifizierung mit dem Objekt erlaubt es dem einzelnen, ähnlich wie unter dem Einfluß der Hypnose, auf eine infantile Situation zurückzugehen und dadurch Schuldgefühle – für Freud der Inbegriff dessen, was das Individuum zu Reife und Kultur befähigt – gar nicht erst aufkommen zu lassen: *in der Liebesverblendung wird man reuelos zum Verbrecher*[222]. Thomas Manns im Jahr 1930, am Vorabend des deutschen Massenaufbruchs in die Barbarei unter dem «Führerprinzip», veröffentlichte Novelle «Mario und der Zauberer» liest sich passagenweise – vor allem, wo Mann die hypnotische Beziehung des «Führers» Cipolla zu seinem Publikum beschreibt – wie ein literarischer Kommentar zu Freuds *Massenpsychologie und Ich-Analyse*.

Seiner neuen Triebtheorie stellte Freud im Jahr seiner ersten Krebsoperation mit *Das Ich und das Es* eine neue Topik zur Seite, welche die alte des Unbewußten, des Vorbewußten und des Bewußten durch die des Es, des Ich und des Über-Ich ersetzte – es war dies eine der letzten großen theoretischen Neuerungen, die Freud einführte. Alles was nach dieser grundlegenden Schrift folgte, und es war nicht wenig, trägt den Stempel der Zwanglosigkeit. Es scheint, als habe Freud nach der Krebsdiagnose bei sich beschlossen, sich die Freiheit zu gestatten, nur noch solche Themen zu wählen, die er libidinös besetzen konnte: Kultur, Religion, Geschichte und Vorgeschichte, Literatur, Archäologie, Judentum. Diese Verschiebung seiner Interessen begründete er *mit einem Stück regressiver Entwicklung.* *[...] Nach dem lebenslangen Umweg über die Naturwissenschaften, Medizin und Psychotherapie war mein Interesse zu jenen kulturellen Problemen zurückgekehrt, die dereinst den kaum zum Denken erwachten Jüngling gefesselt hatten.*[223] Diese neue Freiheit, die Freud sich an der Schwelle zum Greisenalter nunmehr gestattete, mochte ihren Ausdruck auch darin finden, daß er trotz Krebs und ärztlichem Rauchverbot immer wieder zu seiner geliebten Zigarre griff – der Kampf mit seiner Nikotinsucht währte praktisch solange wie sein gesamtes Erwachsenenleben.

Die neue Topographie des Psychischen, welche die alte der *Traumdeutung* zwar nicht gänzlich ersetzt, aber überlagert, bestimmt das Ich als das, was es für Freud seit jeher war, als adaptive Instanz, die nach innen Gefühle, Gedanken und Phantasien wahrnimmt und verarbeitet, während sie nach außen die Funktionen der Realitätsprüfung, der Zensur und der Synthesis des Mannigfaltigen erfüllt. Aber das Ich ist jetzt zugleich etwas anderes als bloßes Werkzeug der biologischen Selbsterhaltung, weil es von allen Seiten bedroht wird und dadurch seinen adaptiven Aufgaben im Zweifelsfall nur unzulänglich gerecht wird. *In seiner Mittelstellung zwischen Es und Realität unterliegt es nur zu oft der Versuchung, liebedienerisch, opportunistisch und lügnerisch zu werden, etwa wie ein Staatsmann, der bei guter Einsicht sich doch in der Gunst der öffentlichen Meinung behaupten will. Zwischen beiden Triebarten [Lebenstrieb und Todestrieb] hält es sich nicht unparteiisch. Durch seine Identifizierungs- und Sublimierungsarbeit leistet es den Todestrieben im Es Beistand zur Bewältigung der Libido, gerät aber dabei in Gefahr, zum Objekt der Todestriebe zu werden und selbst umzukommen. Es hat sich zu Zwecken der Hilfeleistung selbst mit Libido erfüllen müssen, wird dadurch selbst Vertreter des Eros und will nun leben und geliebt werden.*[224] War das Ich ursprünglich Konfliktpartner, das heißt eine relativ autonome Instanz, die einen Konflikt zu ihren Gunsten zu entscheiden vermochte, so ist es jetzt eher ein Spielball der verschiedensten seelischen Kräfte. Angesiedelt zwischen dem Es – ein Begriff, den Freud zwar von Georg Groddeck her kannte, ihn aber auf Nietzsche zurückführte –, das Freud als *das große Reservoir*[225] der Triebe bezeichnet, und der tyrannischen In-

Sigmund Freud, 1922

stanz des Über-Ich, die droht, verbietet und kritisiert, führt das Ich
eine jederzeit prekäre Existenz. Ob es, wie Freud schreibt, zur *fort-
schreitende[n] Eroberung des Es*[226] überhaupt in der Lage ist, muß
offenbleiben, wie generell viele Fragen offenbleiben, die Freud in
Das Ich und das Es sowie in einer Reihe weiterer verwandter Arbeiten aus den zwanziger Jahren – etwa *Die Verneinung, Hemmung,
Symptom und Angst* und *Fetischismus* – aufgeworfen hat. Der große
Rätsellöser war zugleich immer auch ein großer Rätselsteller.

Ödipus auf Kolonos.
Ruhm, Exil und Tod
(1924–1939)

Die letzten sechzehn Jahre seines Lebens, überschattet von einer Folge schwerer Operationen, aber auch von der Abwendung seines Intimus Otto Rank, den er stets besonders gefördert hatte, vom Tod seines geschätzten Berliner Statthalters Karl Abraham sowie von der wachsenden Entfremdung gegenüber Sándor Ferenczi (*Das Bedürfnis zu heilen und zu helfen war in ihm übermächtig geworden*[227]) – diese Jahre bis zu seinem Tod im Londoner Exil hätte Freud wohl kaum überstanden ohne den Beistand seiner Tochter Anna. In ihr fand Freud «den idealen Partner» (Eissler), Tochter, Mitarbeiterin, Krankenschwester und emotionale Stütze in einem. *Was an mir noch erfreulich ist, heißt Anna*, schrieb er 1935 an seine *liebe Lou. Bemerkenswert, wieviel Einfluß und Autorität sie unter der analytischen Menge gewonnen hat [...].*[228] Und Marie Bonaparte gestand er kurz vor seinem Tod: *[...] ich werde immer unselbständiger und abhängiger von ihr.*[229] Schon früh hatte sich abgezeichnet, daß Freud besondere Gefühle für seine jüngste Tochter entwickelte, die von ihrer Seite heftig erwidert wurden. Anna wurde Lehrerin, zeigte aber bereits als Jugendliche ein starkes Interesse an der Arbeit und den Schriften ihres Vaters, der sie zwischen 1918 und 1924 in Analyse nahm. Annas Wunsch, Psychoanalytikerin zu werden und Medizin zu studieren, begegnete Freud mit der für ihn charakteristischen Forderung, sie solle als Laienanalytikerin ihren Weg machen – Anna Freud, die später als Kinderanalytikerin einen glänzenden Namen gewann, war nicht die erste und nicht die letzte, der Freud von der Medizin abriet. Daß Anna unverheiratet blieb (ein Umstand, der Freud eine Zeitlang beunruhigte) und sich neben ihrer eigenen Arbeit, die sie in bemerkenswerter intellektueller Unabhängigkeit von ihrem Vater betrieb, der darauf nicht wenig stolz war, ganz ihm widmete, paßt zum mythologischen Bild von *Antigone*[230], die den blinden König Ödipus an der Hand führt. Und gewiß ist es von hoher symbolischer Aussagekraft, daß im Jahr 1930, als Freud der Goethe-Preis der Stadt Frankfurt am Main zugesprochen wurde, Anna als Stellvertreterin ihres Vaters den Preis entgegennahm und seine Dankesrede verlas. Für die Verleihung des Preises an Freud hatte sich der Schriftsteller Alfred Döblin eingesetzt, wie auch sonst immer wieder Intellektuelle und Literaten sich öffentlich am energischsten für die Anerkennung des Freudschen Werkes engagierten.[231]

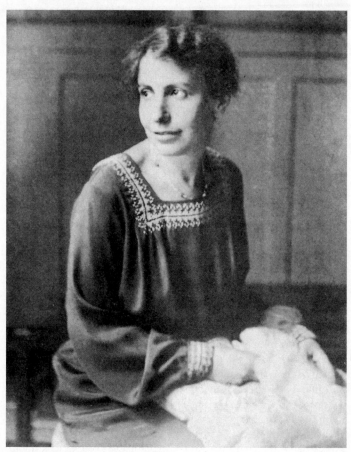

Anna Freud, 1925

Es ist erstaunlich, daß Freud sich trotz seiner alters- und krank-
heitsbedingten Einschränkungen neugierig und kampfeslustig genug
zeigte, um in die psychoanalytischen Debatten Mitte der zwanziger
Jahre einzugreifen, vor allem in die um *Die Frage der Laienanalyse*,
die, wie gesehen, Freud besonders am Herzen lag (und noch heute
eine offene Wunde der Psychoanalyse ist). Als einer seiner Wiener Anhänger, der Literaturwissenschaftler Theodor Reik (er hatte
unter anderem ein bedeutendes Buch über «Arthur Schnitzler als

Psycholog» verfaßt und damit Freud aus der Seele gesprochen), in einen Kurpfuscherprozeß verwickelt wurde, nahm Freud diesen eher peripheren Vorfall zum Anlaß, die Frage zu klären, *ob es auch Nichtärzten erlaubt sein soll, die Analyse auszuüben*[232]. Freuds Haltung in dieser Frage war immer klar. Für ihn verlief, was die Sache der Psychoanalyse angeht, die Grenze nicht zwischen Ärzten und Nichtärzten, vielmehr zwischen Wissenschaft und diversen – ärztlichen oder nichtärztlichen – Anwendungen. In seiner «*Selbstdarstellung*» von 1925 heißt es: *Es ist nicht mehr möglich, die Ausübung der Psychoanalyse den Ärzten vorzubehalten und die Laien von ihr auszuschließen. In der Tat ist der Arzt, der nicht eine besondere Ausbildung erfahren hat, trotz seines Diploms ein Laie in der Analyse und der Nichtarzt kann bei entsprechender Vorbereitung und gelegentlicher Anlehnung an einen Arzt auch die Aufgabe der analytischen Behandlung von Neurosen erfüllen.*[233] Ein Jahr später forderte er kategorisch: *Ob diese Person*, die psychisch Kranke behandelt, *nun Arzt ist oder nicht, erscheint mir als nebensächlich.*[234] Denn es sei *gar nicht [...] wünschenswert, daß die Psychoanalyse von der Medizin verschluckt werde und dann ihre endgiltige Ablagerung im Lehrbuch der Psychiatrie finde*[235]. Freuds vehemente Fürsprache für die Nichtärzte, in denen er wahrscheinlich die eigentlichen Garanten der Zukunft der Wissenschaft vom Unbewußten sah, fruchtete bekanntlich wenig. Schon einige seiner besten und einflußreichsten Anhänger wie Abraham und Jones standen der Laienanalyse skeptisch bis ablehnend gegenüber. Und Freuds ohnehin starke Ressentiments gegen Amerika erhielten zusätzliche Nahrung dadurch, daß es die amerikanischen Analytiker waren, die den Ausschluß der Laien am konsequentesten betrieben. Diesen Kampf verlor Freud – es sollte eine folgenreiche Niederlage zum Schaden seiner Sache werden.

Indessen zeigte sich Freud weiter unverdrossen von seiner kämpferischen Seite. Als er 1927 seine Schrift *Die Zukunft einer Illusion* publizierte – eine im Ton konziliante, in der argumentativen Substanz aber scharfe Abrechnung mit der Religion –, faßte er all das zusammen, was ihn seit seiner Jugendzeit geistig geprägt hatte. Wie für die materialistischen Aufklärer des 18. und 19. Jahrhunderts von Diderot und Voltaire über Feuerbach und Darwin bis hin zu Haeckel und Helmholtz, in deren Nachfolge er sich sah, galt für ihn die Marxsche Maxime, daß «die Kritik der Religion [...] die Voraussetzung aller Kritik» sei.[236] Weil Wissenschaft und Religion unvereinbar sind, ist für Freud auch seine Wissenschaft, die Psychoanalyse, frei von allen religiösen Schlacken, das heißt von der Illusion, es gebe eine Instanz,

Fetischismus

Von

Sigm. Freud

In den letzten Jahren hatte ich Gelegenheit, eine Anzahl von Männern, deren Objektwahl von einem Fetisch beherrscht war, analytisch zu studieren. Man braucht nicht zu erwarten, daß diese Personen des Fetisch wegen die Analyse aufgesucht hatten, denn der Fetisch wird wohl von seinen Anhängern als eine Abnormität erkannt, aber nur selten als ein Leidenssymptom empfunden, meist sind sie mit ihm recht zufrieden oder loben sogar die Erleichterungen, die er ihrem Liebesleben bietet. Der Fetisch spielte also in der Regel die Rolle eines Nebenbefundes.

Die Einzelheiten dieser Fälle entziehen sich aus naheliegenden Gründen der Veröffentlichung. Ich kann darum auch nicht zeigen, in welcher Weise zufällige Umstände zur Auswahl des Fetisch beigetragen haben. Am merkwürdigsten erschien ein Fall, in dem ein junger Mann einen gewissen „Glanz auf der Nase" zur fetischistischen Bedingung erhoben hatte. Das fand seine überraschende Aufklärung durch die Tatsache, daß der Patient eine englische Kinderstube gehabt hatte, dann aber nach Deutschland gekommen war, wo er seine Muttersprache fast vollkommen vergaß. Der aus den ersten Kinderzeiten stammende Fetisch war nicht deutsch, sondern englisch zu lesen, der „Glanz auf der Nase" war eigentlich ein „Blick auf die Nase" (glance = Blick), die Nase war also der Fetisch, dem er übrigens nach seinem Belieben jenes besondere Glanzlicht verlieh, das andere nicht wahrnehmen konnten.

Die Auskunft, welche die Analyse über Sinn und Absicht des Fetisch gab, war in allen Fällen die nämliche. Sie ergab sich so ungezwungen und erschien mir so zwingend, daß ich bereit bin, dieselbe Lösung allgemein für alle Fälle von Fetischismus zu erwarten. Wenn ich nun mitteile, der Fetisch ist ein Penisersatz, so werde ich gewiß Enttäuschung hervorrufen. Ich beeile mich darum hinzuzufügen, nicht der Ersatz eines beliebigen, sondern eines bestimmten, ganz besonderen Penis, der in frühen Kinderjahren eine große Bedeutung hat, aber später verloren geht. Das heißt: er sollte normalerweise aufgegeben werden, aber gerade der Fetisch ist dazu bestimmt, ihn vor dem Untergang zu behüten. Um es klarer zu sagen, der Fetisch ist der Ersatz für den Phallus des Weibes (der Mutter), an den das Knäblein geglaubt hat und auf den es — wir wissen warum — nicht verzichten will.

Der Hergang war also der, daß der Knabe sich geweigert hat, die Tatsache seiner Wahrnehmung, daß das Weib keinen Penis besitzt, zur Kenntnis zu nehmen. Nein, das kann nicht wahr sein, denn wenn das Weib kastriert ist, ist sein eigener Penisbesitz bedroht, und dagegen sträubt sich ein Stück Narzißmus, mit dem die Natur vorsorglich gerade dieses Organ ausgestattet hat. Eine ähnliche Panik wird vielleicht der Erwachsene später erleben, wenn der Schrei ausgegeben wird, Thron und Altar sind in Gefahr, und sie wird zu ähnlich unlogischen Konsequenzen führen. Wenn ich nicht irre, würde La forgue in diesem Falle sagen, der Knabe skotomisiert die Wahrnehmung des Penismangels beim Weibe. Ein neuer Terminus ist dann berechtigt, wenn er einen neuen Tatbestand beschreibt oder heraushebt. Das liegt hier nicht vor; das älteste Stück unserer psychoanalytischen Terminologie, das Wort „Verdrängung" bezieht

Fahnenkorrektur der Arbeit über «Fetischismus», 1927

Oskar Pfister (1873–1956)

die das wissenschaftliche Weltbild transzendiert. Dies richtete sich nicht zuletzt gegen seinen Freund, den Schweizer Pfarrer Oskar Pfister: *Die wissenschaftliche Arbeit ist [...] für uns der einzige Weg, der zur Kenntnis der Realität außer uns führen kann.*[237] Zwar räumt Freud durchaus ein, daß er als Psychologe Verständnis dafür habe, wenn Menschen religiöse Bedürfnisse äußern, denn schließlich sei es schwer, sich die eigene Hilflosigkeit und *Geringfügigkeit im Getriebe der Welt* eingestehen zu müssen. *Aber nicht wahr, der Infantilismus ist dazu bestimmt, überwunden zu werden?*[238] In kaum einer anderen Schrift opfert Freud so unverhohlen seinem *Gott Λόγος*[239] und dem *Primat des Intellekts*; dessen Stimme mag leise sein, *aber sie ruht nicht, ehe sie sich Gehör geschafft hat.*[240] Jahrzehnte nach Freud, seitdem der Zusammenhang zwischen Ratio und Unvernunft, zwischen Wissenschaft, Größenwahn und Destruktivität immer unabweisbarer geworden ist, mutet solcher Vernunftoptimismus wie ein Anachronismus an. Für Freud gehörte er zum eisernen Bestand seines Selbstverständnisses als Wissenschaftler, wobei man hinzufügen sollte, daß er, als er über *Die Zukunft einer Illusion* nachdachte, noch diesseits der verheerendsten Katastrophen des Jahrhunderts stand: diesseits von Auschwitz, Hiroshima und Kolyma. Das Zeitalter der Extreme hatte soeben erst begonnen, und die «Verfinsterung der Vernunft» (Max Horkheimer) hatte sich noch bei weitem nicht vollendet.

Freuds Wissenschaftsgläubigkeit und sein unbeugsamer Atheismus waren älter als seine Erfindung der Psychoanalyse, wie etwa aus den Briefen an seinen Jugendfreund Eduard Silberstein deutlich hervorgeht: *So essen wir denn mit an Sonn- und Feiertagen, aber mit dem Unterschied, daß wenn die Frommen meinen, sie hätten ein gutes Werk getan, wir Weltkinder uns bewußt sind: wir haben eine gute Schüssel gegessen.*[241] Beides, der dogmatische Glaube an die Wissenschaft und die Ablehnung jeglicher Religion, auch der jüdischen, hinderte ihn freilich nicht, sich entschieden mit dem Judentum zu identifizieren. Je offener und aggressiver der Antisemitismus sein Haupt erhob, desto trotziger bekannte sich Freud zu seiner Herkunft – selbstverleugnende und assimilatorische Tendenzen waren ihm, der sich der deutschen und der angelsächsischen Kultur verpflichtet fühlte, zuwider. *Obwohl der Religion meiner Voreltern längst entfremdet, habe ich das Gefühl der Zusammengehörigkeit mit meinem Volke nie aufgegeben [...].*[242] Wenn er sich in einem Brief an Pfister einmal als *einen ganz gottlosen Juden*[243] titulierte, dann ist an dieser Selbstcharakterisierung das Bekenntnis zum Judesein ebenso wichtig wie das zum Atheismus. In seinem letzten großen Werk, in *Der Mann Moses und die monotheistische Religion*, das die mythische Gestalt des Moses als eine von vornehmer ägyptischer Abkunft vorstellt und damit nichts Geringeres postuliert als die Sprengung der Generationenkette und die Befreiung von der Traditionslast der Väter, thematisiert Freud sein Verhältnis zum Judentum ein letztes Mal. So ungebrochen er zeitlebens imstande war, sich gegenüber einer feindseligen Umwelt als Jude zu behaupten – an der Eigenschaft des Stolzes hat es Freud nie gefehlt –, so gebrochen und ambivalent erscheint im *Mann Moses* dessen Stellung gegenüber den jüdischen Sklaven in Ägypten. Legt man Freuds notorische Identifizierung mit der Gestalt des Moses als *Befreier, Gesetzgeber und Religionsstifter*[244] zugrunde, wie sie auch seine Schrift über den *Moses des Michelangelo* zu erkennen gibt, drängt sich der psychologische Schluß auf, daß Freud auf dieser Ebene seiner Gefühle eher Distanz zu seinem Volk sucht. Denn dieses Volk ist beschränkt und wankelmütig, es zweifelt immer wieder an der Weisheit seines Führers Moses und am Ratschluß seines Gottes, indem es sich dem Götzendienst überläßt – ganz so, wie Stekel, Adler und Jung, wie Rank und Ferenczi und viele andere wankelmütig und abtrünnig geworden und vom Freudschen monotheistischen Gesetz abgewichen waren. *Wenn Moses ein Ägypter war...*[245], so Freuds Hypothese, die er überraschenderweise mit Max Weber teilt, der in seiner Studie über das antike Judentum ebenfalls die nichtjüdische Abkunft des Moses hervorhebt, *wenn also Moses ein Ägypter war*[246], dann war Freud kein Jude. Die Gründe dafür liegen auf der Hand: *Das Judenvolk des Moses war ebensowenig* (man ergänze: wie viele Anhänger Freuds – das hatte sich zum Beispiel im Kampf um die Frage der Laienanalyse oder in der anhaltenden Debatte um den Todestrieb gezeigt, an dem sich die Geister schieden) *imstande, eine so hoch vergeistigte Religion zu ertragen, in ihren Darbietungen eine Befriedigung ihrer Bedürfnisse zu finden, wie die Ägypter der 18ten Dynastie.* Und dann kommt Freud auf eine seiner alten anthropologischen Lieblingsideen zurück, wenn er schreibt, daß *die wilden Semiten* ihr Schicksal in die Hand nahmen und den Tyrannen Moses ermordeten[247], so wie in *Totem und Tabu* die Brüderhorde den gewalttätigen sexuellen Urvater beseitigt hatte, um alsdann die Tat zu bereuen.

Es war Freuds letztes Wort zum Judentum, und es fand keineswegs ungeteilten Beifall. Als *Der Mann Moses* 1939, unmittelbar vor Beginn des Zweiten Weltkriegs, zugleich im Amsterdamer Exilverlag Allert de Lange in deutscher und in Leonard Woolfs Hogarth Press in englischer Sprache erschien, sah sich die deutsche und die österreichische Judenheit bereits schwerster Verfolgung und Repression ausgesetzt. Viele von Freuds Anhängern – Eitingon, Fenichel, Reich, Reik, Sachs – waren kurz vor oder nach 1933 emigriert, er selbst hatte mit seiner Familie Wien im Frühsommer 1938 verlassen und nach London ausweichen müssen; die psychoanalytischen Gesellschaften Deutschlands und Österreichs waren 1936 bzw. 1938 zerschlagen worden, und die Nazis hatten seinen Internationalen Psychoanalytischen Verlag liquidiert. In dieser Situation konnte ein Buch wie *Der Mann Moses* manchem als ein Akt der Entsolidarisierung Freuds mit der bedrängten Judenheit erscheinen.

Fast ein Jahrzehnt zuvor hatte Freud jenes Werk geschrieben, das neben der *Traumdeutung* sein berühmtestes geworden ist – *Das Unbehagen in der Kultur* (1930). Hier erst offenbart sich in voller Konsequenz, was es bedeutet, daß Freud in *Jenseits des Lustprinzips* (1920) einen neuen Triebprotagonisten, den Todestrieb, eingeführt hatte. Solange sich die menschliche Existenz hauptsächlich unter der Herrschaft des Lustprinzips und unter dem Gesetz der Wunscherfüllung begreifen ließ, die zwar auch auf mannigfache Widerstände stießen, sich aber doch immer wieder machtvoll und ununterdrückbar zur Geltung brachten, war es unmöglich, das Individuum mit jenen tragischen Zügen zu versehen, die Freud jetzt für unabweisbar hielt. Unter den Einschränkungen, welche der Libido durch das Realitätsprinzip und die kulturellen Normen auferlegt werden, mag es ächzen – und Freud hatte das in vielen seiner früheren Schriften, etwa in der über *Die «kulturelle» Sexualmoral*, eindringlich beschrieben und beklagt; aber es kann sich auch dagegen zur Wehr setzen. Nun jedoch, mit der Behauptung zweier gleichstarker Protagonisten, Eros und Thanatos, die zugleich gegeneinander und miteinander wirken – *Das Ziel alles Lebens ist der Tod*[248], heißt es in *Jenseits des Lustprinzips* –, ist der Mensch nicht mehr das wünschende Tier, sondern das tragische Tier, das wie der Held der griechischen Tragödie einem unentrinnbaren Fatum ausgeliefert ist, an dessen Ende der Untergang steht. Weil alle menschliche Existenz vorgängig unter einem Schuldspruch steht und weil die Kultur, die die Menschen als Vorkehrung gegen die Not des Lebens errichten, von Beginn an auf Schuld und nachträglicher Reue basiert, sind Mensch wie Kultur zum Scheitern verurteilt. Es nützt dem Menschen nichts, daß er es dank Wissenschaft und Technik zum modernen *Prothesengott*[249] gebracht hat, der die Natur zu zwingen vermag. Die Natur läßt sich nicht zwingen, weil die stumme Arbeit der Todestriebe unaufhaltsam weitergeht. Das ist der tiefste Grund für das allgemeine menschliche Unbehagen in der Kultur. Freud hatte ursprünglich vor, wie er Eitingon mitteilte, seinem Buch, an dessen Gelingen er erhebliche Zweifel hegte, den Titel *Das Unglück in der Kultur* zu geben[250], und dieser Titel wäre gewiß nicht falsch gewesen, denn eine der Quintessenzen, die Freud aus dem Dilemma des Menschen und der Kultur zieht, lautet, es sei *im Plan der «Schöpfung» nicht enthalten*, daß der Mensch glücklich werde, Glück sei *nur als episodisches Phänomen möglich*[251]. Aber trotz seiner pessimistischen und desillusionierenden Ansichten über die widerspruchsvolle Natur der Kultur und über die notwendige Feindseligkeit der Individuen gegen sie, trotz seiner realistischen Annahme, daß die Aggressionen nicht zum Verschwinden zu bringen seien, also gleichsam wider besseres Wissen (das er nicht zuletzt aus der von der Biologie geprägten Auffassung von der Gleichgültigkeit und Bedeutungslosigkeit des Lebens schöpfte) beharrte Freud auf der Vollendung des Projekts der Kultur, indem er forderte, daß es mit Hilfe des Verstandes möglich sein müsse, die unvermeidlichen Schuldgefühle in den Dienst des zivilisatorischen Fortschritts zu stellen. *Die Menschen* – so endet *Das Unbehagen in der Kultur* – *haben es jetzt in der Beherrschung der Naturkräfte so weit gebracht, daß sie es mit deren Hilfe leicht haben, einander bis auf den letzten Mann auszurotten. Sie wissen das, daher ein gut Stück ihrer gegenwärtigen Unruhe, ihres Unglücks, ihrer Angststimmung.* Wahrhaft prophetische Worte.

Und nun ist zu erwarten, daß die andere der beiden «himmlischen Mächte», der ewige Eros, eine Anstrengung machen wird, um sich im Kampf mit seinem ebenso unsterblichen Gegner zu behaupten. In der zweiten Auflage des Buches von 1931 fügte Freud indes die skeptische Frage hinzu: *Aber wer kann den Erfolg und Ausgang voraussehen?* [252]

Freuds verhaltener Optimismus, daß *der ewige Eros* am Ende doch obsiegen könne, findet sich noch einmal in seinem Brief an Albert Einstein aus dem Jahr 1932, in dem er seinen berühmten Korrespondenten davon zu überzeugen versucht, daß der Weg von der Gewalt zum Recht, vom «bellum omnium contra omnes» zum friedlichen Zusammenleben der Individuen und Völker mit Aussicht auf Erfolg beschritten werden könne, wenn es gelinge, den *Kulturprozeß* unumkehrbar zu machen. Dieser Prozeß – und an dieser Stelle widerspricht Freud im Prinzip allem, was er der Kultur an Negativem und Schädlichem angelastet hatte – sorge für eine allmähliche *Erstarkung des Intellekts, [...] die Verinnerlichung der Aggressionsneigung* und führe schließlich zu *psychischen Einstellungen,* welche *eine konstitutionelle*

Albert Einstein (1879–1955)
auf einer Segelyacht, 1929

Intoleranz gegen den Krieg zur Folge haben. *Alles, was die Kulturentwicklung fördert, arbeitet auch gegen den Krieg.*[253] So befremdlich
Freuds kulturoptimistische Aussichten im Rückblick auf das 20. Jahrhundert anmuten – Aussichten übrigens, die auch der rund vierzig
Jahre jüngere Menschenwissenschaftler Norbert Elias teilte –, wenn er
glaubt, es gebe so etwas wie eine evolutionäre Entwicklung zu einem
aggressionsgehemmten Individuum (vielleicht hatte Freud sich selbst
und seinesgleichen im Auge, eine Art Elite, die sich scharf vom *Ge-
sindel*[254] unterscheidet), so bemerkenswert nüchtern und realistisch
fällt seine Beurteilung des *große[n] Kulturexperiment[s]*[255] in der Sowjetunion aus, dem er rundweg die Befähigung abspricht, *die menschliche Aggression zum Verschwinden bringen [zu] können dadurch, daß
sie [die Bolschewisten] die Befriedigung der materiellen Bedürfnisse ver-
bürgen und sonst Gleichheit unter den Teilnehmern an der Gemeinschaft
herstellen. Ich halte das für eine Illusion.*[256] Womit Freud, wie der Fort-
gang der Geschichte beweist, ohne Zweifel recht behielt.

Die rapide Verdüsterung des politischen Horizonts in den dreißiger
Jahren bot ohnehin immer weniger Grund, das von Freud postulierte
psychologische Ideal, den Primat der Intelligenz[257], für eine realisti-
sche Perspektive zu halten. Die Reichskanzlerschaft Adolf Hitlers
seit dem 30. Januar 1933 in Deutschland und der damit unmittelbar
zusammenhängende politische Rechtsruck hin zum klerikofaschisti-
schen Ständestaat in Österreich (den Freud als das kleinere Übel ein-
schätzte) bestätigten im Gegenteil die Befürchtung, daß die Vernunft
nunmehr dabei war, sich bis auf weiteres von der mitteleuropäischen
Bühne zu verabschieden. Als im Mai 1933 ein fanatisierter national-
sozialistischer Mob in Berlin, München und anderen deutschen Städ-
ten die Werke Heinrich Heines und Karl Marx', Heinrich Manns und
Kurt Tucholskys, Franz Kafkas und eben auch seine, Freuds, ver-
brannte, hatte er dafür nur noch Sarkasmus übrig: *Was wir für Fortschritte machen! Im Mittelalter hätten sie mich verbrannt, heutzutage
begnügen sie sich damit, meine Bücher zu verbrennen.*[258] Sein Sinn für
Humor blieb auch in dunklen Stunden intakt: *Shakespeare läßt in seinem «Sommernachtstraum» eine Frau in Liebe zu einem Esel verfallen, worüber alle höchst erstaunt sind. Doch nun, schauen Sie es sich
an, verfällt eine Nation von 65 Millionen Menschen einem …*[259] Ob
Freud allerdings noch mit Humor darauf reagiert hat, falls es ihm zu-
getragen wurde, daß sein ehemaliger Lieblingsschüler C. G. Jung
pünktlich zur «Machtergreifung» Hitlers die germanische Seele und
das arische Unbewußte, als Gegensatz zum jüdischen, entdeckte und
propagierte, wissen wir nicht.

Das Verhältnis Freuds zu den bedrohlichen politischen Entwicklungen in Deutschland und Österreich blieb jahrelang merkwürdig kühl und distanziert. Bei seiner gemäßigt sozialliberalen Einstellung, mit der er in den zwanziger Jahren gut in das politische Ambiente des «roten Wien» paßte, hätte man von seiner Seite mehr Sympathien mit der drangsalierten österreichischen Arbeiterbewegung erwarten dürfen. Daß diese ausblieben, sich vielmehr ein gewisser politischer Quietismus bei ihm bemerkbar machte, der ihn auch die realen Gefahren für sich und seine Familie verkennen ließ, erklärt vielleicht sein wenig glückliches Agieren, als es um das Schicksal der jüdischen Analytiker in Deutschland ging. Statt kompromißlos deren Belange zu vertreten, ließ er sich, im Verein mit Jones, der damals Präsident der internationalen Vereinigung war, auf allerlei Halbherzigkeiten und Zugeständnisse ein – auf Kosten der Juden. Das gilt nicht zuletzt für Wilhelm Reich, einen bekennenden Kommunisten, der gerade deshalb unter Duldung oder sogar Befürwortung Freuds aus der Vereinigung ausgeschlossen wurde. Erst als alles zu spät, als die Psychoanalyse in Deutschland und Österreich praktisch zerschlagen war, fand er zu einer klaren Sprache.

Freud hatte nur noch wenige Jahre zu leben, und er tat es unter immer größeren physischen Qualen, die er mit einem erstaunlichen Stoizismus ertrug. Er fuhr fort zu arbeiten, seine inzwischen internationale Korrespondenz zu pflegen und sich intensiv um seine Antiquitätensammlung zu kümmern. 1933 veröffentlichte er eines seiner letzten großen Bücher, die *Neue Folge der Vorlesungen zur Einführung in die Psychoanalyse*, in der er sein Vermächtnis an die Nachwelt mit wie in Stein gemeißelten Worten festhielt: Es sei die Absicht der Psychoanalyse, *das Ich zu stärken, es vom Über-Ich unabhängiger zu machen, sein Wahrnehmungsfeld zu erweitern und seine Organisation auszubauen, so daß es sich neue Stücke des Es aneignen kann. Wo Es war, soll Ich werden.* Und dann folgt jene berühmte Freudsche Metapher, die man sehr unterschiedlich bewerten mag: *Es ist Kulturarbeit etwa wie die Trockenlegung der Zuydersee.*[260]

Zu seinem achtzigsten Geburtstag am 6. Mai 1936, erfuhr Freud, der in diesen Dingen nie besonders verwöhnt worden war, eine außergewöhnliche Ehrung. 191 Künstler und Schriftsteller übermittelten ihm eine Glückwunschadresse, die von Thomas Mann und Stefan Zweig formuliert worden war. Wenig später erschien Mann persönlich in Wien und verlas im Haus in der Berggasse 19 seinen Vortrag über «Freud und die Zukunft». Schließlich wurde Freud Ende Juni zum korrespondierenden Mitglied der exklusiven Royal Society gewählt –

15. März 1938: Hitler betritt den Wiener Heldenplatz

Foreign member Royal Society[261], wie er stolz und lakonisch in seinem Tagebuch vermerkt.

Aber *Finis Austriae*, der Untergang seiner bürgerlichen Welt, rückte unaufhaltsam näher. Am 13. März 1938 notierte er in derselben *Kürzesten Chronik*: *Anschluss an Deutschland*, am 14.: *Hitler in Wien*, gut eine Woche später: *Anna bei Gestapo*.[262] Die Repression der neuen Machthaber gegen sein liebstes Kind versetzte Freud in allerhöchste Angst – jetzt war endgültig der Zeitpunkt gekommen, *das Gefängnis* Wien zu verlassen. Und Freud hatte, neben dem nach Rettung seiner Angehörigen, noch einen persönlichen Wunsch: «*to die in freedom*», in Freiheit zu sterben. *Ich vergleiche mich manchmal mit dem alten Jakob, den seine Kinder auch im hohen Alter nach Ägypten mitgenommen haben […]. Hoffentlich folgt nicht darauf wie dereinst ein Auszug aus Ägypten. Es ist Zeit, daß Ahasver irgendwo zur Ruhe kommt.*[263]

Dank des rastlosen Einsatzes von Marie Bonaparte und Ernest Jones, aber auch auf dem Wege höchster diplomatischer Interventionen konnten Freud und seine Familie im Juni 1938 über Paris nach England ausreisen, wo sie in London, im hübschen Haus 20 Maresfield Gardens, dem heutigen Freud-Museum, Zuflucht fanden. Und Freud gab sich immer noch nicht geschlagen. Er arbeitete weiter am

93

Eintrag aus der «Kürzesten Chronik», 1937/38

FREUD ARRIVES IN PARIS ON HIS WAY TO LONDON

Auf dem Weg ins Exil, mit Marie Bonaparte und
William C. Bullitt, dem amerikanischen Botschafter in Paris.
Zeitungsausschnitt

Mann Moses, dessen Erscheinen er noch erlebte, und schrieb den
Abriß der Psychoanalyse, der ein Jahr nach seinem Tod in deutscher
und englischer Sprache erschien, die englische Version in der Über-
setzung von James Strachey, den er Anfang der zwanziger Jahre in
Wien analysiert hatte. Bis zuletzt führte Freud eine Vita activa, ein
Leben, welches emotional und intellektuell der Welt zugewandt blieb.

Aber die Zeichen der Müdigkeit, des Überdrusses und des Schmer-
zes häuften sich – der Krebs vollendete sein Werk. Freud hatte seinem
Vertrauensarzt Max Schur, neben Anna und Marie Bonaparte vielleicht die wichtigste Person seiner späten Jahre, der ihn schon in Wien
behandelt hatte, das Versprechen abgenommen, daß, *wenn es mal so*

95

Freuds letztes Domizil: 20 Maresfield Gardens
im Londoner Stadtteil Hampstead

Max Schur (1897–1969)

*weit ist, [...] Sie mich nicht unnötig quälen lassen*²⁶⁴. Im September 1939 war es so weit. Nachdem Freud sich am 19. September von seinem alten Verbündeten und Kampfgefährten Jones verabschiedet und Schur mit Anna das Notwendige besprochen hatte, injizierte Schur Freud am 21. und 22. mehrere Dosen Morphin, die ein Koma bewirkten, aus dem Freud nicht mehr erwachte. Er starb am frühen Morgen des 23. September 1939. Freud hatte nicht warten wollen, bis Krankheit und Schmerz ihn vollends lähmen und zerrütten würden. In seiner Freud-Biographie erinnert Peter Gay an eine briefliche Äußerung des Erfinders der Psychoanalyse gegenüber Oskar Pfister aus dem Jahr 1910: *Im Harnisch laßt uns sterben, wie König Macbeth sagt.*²⁶⁵ So starb er auch, im Besitz seiner geistigen Kräfte bis zuletzt.

Freuds Leben und Werk, unter Berücksichtigung aller Brüche, Inkonsequenzen und Widersprüche, war ein Leben und Werk gegen die Dummheit (des Größenwahns, der Selbstverkennung, des Vorurteils, der Gattungsillusionen), gegen eine Krankheit also, die bekanntlich unheilbar ist. *Es ist nichts Kostspieligeres im Leben als [...] die Dummheit.*²⁶⁶ Es dennoch mit ihr aufgenommen zu haben: Darin liegt eine tragische Vergeblichkeit – und eine unvergleichliche Würde.

2
Probleme und Widersprüche
Die Psychoanalyse nach Freud

Wer Freud und sein Werk, dessen Einfluß auf die Geistesgeschichte des 20. Jahrhunderts kaum überschätzt werden kann, angemessen würdigen und verstehen will, muß über einen ausgeprägten Sinn für Ambivalenzen, für ungelöste – und vielleicht prinzipiell unauflösbare – Spannungen und Widersprüche verfügen. Wer diesen Sinn für das Ambivalente, Spannungsvolle und Widersprüchliche nicht hat, wird Freud immer verfehlen. Die vielen «Lesarten», die über Freud in Umlauf sind – vom positivistischen «Biologen der Seele» (Frank J. Sulloway) und hartgesottenen Neurowissenschaftler, der sich lebenslang an Autoritäten wie Darwin und Brücke orientierte, über den sensiblen Arzt und Psychotherapeuten, der geduldig den Berichten seiner Patienten lauschte, den machtbewußten Organisator der psychoanalytischen Bewegung, der Abweichler und «Verräter» rigoros bekämpfte, den vielseitig gebildeten Kulturtheoretiker und Anthropologen bis hin zum Literaten in der Tarnung des Wissenschaftlers, der mit Vorliebe Shakespeare, Goethe und Heine zitierte –, alle diese Lesarten können sich mit einigem Recht auf bestimmte Aspekte und Facetten bei Freud berufen. Die Crux daran ist nur, daß bei derartigen Festlegungen, etwa auf den ärztlichen Therapeuten oder den Diagnostiker der Kultur, regelmäßig eine oder mehrere Seiten des Freudschen Werkes zum Verschwinden gebracht werden – die Fixierung geschieht stets auf Kosten einer Unterschlagung. Wenn zum Beispiel der französische Psychoanalytiker Octave Mannoni schreibt, Freuds frühe Arbeit *Zur Auffassung der Aphasien* und sein *Entwurf einer Psychologie* gehörten «zu den nutzlosen Anstrengungen [...], eine Verbindung zwischen der Neurologie und der Psychologie herzustellen», und Freud habe nach 1895 «nie wieder» versucht, beide Seiten in Einklang zu bringen[267], so ist das nicht nur falsch, sondern bedeutet zugleich eine Entwertung sowohl des berühmten siebten Kapitels der *Traumdeutung*, in welchem Freud an Überlegungen aus dem *Entwurf* anknüpft, als auch aller seiner späteren Anstrengungen,

Biologie und Psychologie einander anzunähern. Daß diese Anstrengungen weitgehend gescheitert sind (und auch nach Freud immer wieder scheitern), berechtigt uns nicht, von einem bloß «materialistischen Glaubensakt» zu sprechen[268], den man nicht weiter ernst nehmen müsse. Statt Freud ausschließlich der Psychologie zuzuschlagen und ihn damit als reinen Geisteswissenschaftler und Hermeneutiker zu etablieren, wie es vor allem in der französischen Tradition der Freud-Rezeption häufig geschieht, wäre zu fragen, welche wissenschaftlichen und wissenschaftspolitischen Motive Freud gehabt haben könnte, an dem Projekt einer materialistischen, das heißt einer somatisch-naturwissenschaftlich fundierten Psychologie festzuhalten. Analoges gilt natürlich auch für andere Spannungen und Bruchstellen im Werk Freuds, etwa für die Kulturtheorie, aber auch für Freuds Theorie der Weiblichkeit oder für die widersprüchliche Tatsache, daß die Psychoanalyse sich zwar faktisch im Milieu niedergelassener Nervenärzte entwickelte, sie aber nach Freuds eigenem Verständnis eine Wissenschaft ist, deren «natürlicher» sozialer Ort nur die Universität sein kann – eben keine Therapeutik, als welche sie Karriere machte. Freuds geistige Größe liegt nicht zuletzt darin, daß er sich nicht scheute, scheinbar gegenläufigen Tendenzen und konträren Interessen und Motiven Raum zu lassen und sie in ihrer je eigenen «Logik» zu verfolgen – freilich mit der vagen Hoffnung, die Dinge möchten sich dereinst fügen. In diesem Sinne soll im folgenden dargelegt werden, wo das Freudsche Werk an seine Grenzen stößt, wo es sich in Widersprüche und Ungereimtheiten verstrickt, aber auch, wo es gerade dank solcher Widersprüche und Ungereimtheiten von höchster Originalität und anregendstem Gedankenreichtum ist.

Biologie und Deutung – ein ungleiches Geschwisterpaar

Neben der Entdeckung der Sexualität als des schlechthin zentralen Agens allen menschlichen Fühlens und Handelns, die der Sexualität beigemischte Aggression inbegriffen, und neben der systematischen Dechiffrierung des Traumlebens und seiner Bedeutung für die Funktionsweise des Unbewußten gehört es zu den bahnbrechenden wissenschaftlichen Leistungen Freuds, daß er zu seiner Zeit – es war die Zeit großer Ärzte wie Jean-Martin Charcot (1825–1893), Emil Kraepelin (1856–1926), Pierre Janet (1859–1947) und Adolf Meyer

(1866–1950) – als erster in der Lage war, der medizinischen Fallgeschichte, die es schon vor Freud, seit Philippe Pinel (1745–1826),
gab, ein autonomes Feld zu sichern. Dies geschah jenseits und unabhängig von einem wesentlich naturwissenschaftlich determinierten
Diskurs, der in der zweiten Hälfte des 19. Jahrhunderts die Debatten
bestimmte, nachdem der romantische Vitalismus als Folge des Tri-
umphs des modernen Technizismus und Industrialismus abgedankt
hatte. Dabei mag, wie nicht selten in der Wissenschaftsgeschichte,
auch der Zufall eine Rolle gespielt haben. Denn just zu dem Zeitpunkt, da sich Freud eingestehen mußte, daß er bei der Behandlung
seiner Kranken mit den herkömmlichen Mitteln, mit Suggestion und
Hypnose, mit Elektrotherapie und Heilbädern, nicht weiterkam, erinnerte er sich an Breuers Erzählungen von einer Patientin, die dieser
Jahre zuvor in Behandlung gehabt hatte. «Anna O.», die Erfinderin
der «talking cure», vermochte immer dann ihre schweren hysterischen Symptome zu neutralisieren, wenn es ihr – freilich unter Hypnose – gelang, traumatische Reminiszenzen gleichsam wegzureden
und zugleich den diese Erinnerungen begleitenden adäquaten Affekt
zu mobilisieren. Die Kunst des Arztes, die Freud zu höchster Feinheit
entwickelte, besteht dann in nichts anderem, als dem Kranken mit
gleichschwebende[r] Aufmerksamkeit[269] zuzuhören und nur dann
mäeutisch einzugreifen, wenn die sprachliche Zeichenproduktion
aufgrund von Widerständen und Abwehrarbeit stockt oder sich mit
falschen Affekten verbindet. In der Freudschen Psychologie geht es,
mit einem Wort, um den systematischen Versuch, ausschließlich im
Feld der Symbolerzeugung – der Erzählungen und freien Assoziationen des Patienten und der vorsichtig deutenden Unterstützung
seitens des Arztes – einen für den Patienten einsichtigen Zusammenhang von ursprünglichem Trauma und aktuellem Krankheitssymp-
tom herzustellen – eben vermittels der erinnernden und erzählten
Wiederbelebung jenes verdrängten Vorfalls: *Erinnern, Wiederholen
und Durcharbeiten* lautet der Titel einer Schrift Freuds aus dem Jahre
1914.[270] In der Krankengeschichte vom *Wolfsmann*, einer der faszinie-
rendsten und ausführlichsten Falldarstellungen aus der Feder Freuds,
heißt es mit einem entschiedenen Plädoyer für den Vorrang des
sprachlich-narrativen Elements vor allen anderen: *Die Erklärungs-
aufgabe in der Psychoanalyse ist überhaupt enge begrenzt. Zu erklären
sind die auffälligen Symptombildungen durch Aufdeckung ihrer Genese; die psychischen Mechanismen und Triebvorgänge, zu denen man
so geführt wird, sind nicht zu erklären, sondern zu beschreiben. Um aus
den Feststellungen über diese beiden letzteren Punkte neue Allgemein-*

heiten zu gewinnen, sind zahlreiche solche gut und tief analysierte Fälle
– eine Qualität, die Freud für seine Analyse des *Wolfsmannes* selbstbewußt in Anspruch nahm, auch in der Absicht, den abtrünnigen
Jung zu beschämen – *erforderlich. Sie sind nicht leicht zu haben, jeder
einzelne verbraucht jahrelange Arbeit.*[271] Einsicht in die Inhalte und
Funktionsweisen des Unbewußten ist zunächst einmal nur am individuellen Fall möglich und nur dort, nicht auf dem Weg vorschneller
Generalisierung. Solche Einsicht geschieht allein im Medium der
Sprache – sie ist der privilegierte Erfüllungsort des Unbewußten. Allerdings bleibt festzuhalten, daß Freud, was seinen Einsatz für den individuellen Fall und die Idiosynkrasien des je individuellen Unbewußten betrifft – an seinen großen Krankengeschichten eindrucksvoll
demonstriert –, zuweilen sich selber untreu wurde, etwa wenn er in
der *Traumdeutung* der Versuchung nachgab, einen Katalog von fixen
und allgemein anwendbaren Bedeutungen oder symbolischen Glei-
chungen aufzustellen, der die individuellen Assoziationen des Träu-
mers zu seinen Träumen im Grunde als entbehrlich erscheinen läßt.
Was die Freudsche Psychologie einerseits als ihre Errungenschaft fei-
ert, nämlich die Betonung des Individuellen und Einmaligen einer jeden Lebensgeschichte, verbürgt durch die Individualität der sprach-
lichen Zeichenproduktion, dementiert sie andererseits durch die
Festlegung auf eine allgemeine Symbolik, *die regelmäßig oder fast regelmäßig das nämliche*[272] bedeutet: *Stiegen, Leitern, Treppen, respek-
tive das Steigen auf ihnen, und zwar sowohl aufwärts als abwärts, sind
symbolische Darstellungen des Geschlechtsaktes*[273] – was der Träumer
dazu assoziiert, welche persönlichen *Übersetzungen* er dafür findet,
ist eigentlich überflüssig. Damit erfüllte Freud keineswegs *das Ideal*,
wie er schreibt, vielmehr den Primitivismus *der antiken wie der populären Traumdeutung.*[274]

Ungeachtet dieses schweren methodologischen Widerspruchs, der
die Freudsche Symboltheorie belastet und mit Recht Kritik erfahren
hat[275], kann man ohne Einschränkung sagen, daß Freuds Erfindung
der psychoanalytischen Fallgeschichte, die als ein Eckpfeiler der Psychoanalyse gelten darf, ein narratologisches Feld erschloß, das vorher
niemand betreten hatte. Freud benutzte eine spezifische Rhetorik,
um bei seinen Kranken das Vergessene und Verdrängte ans Licht zu
holen – eine Rhetorik der Mnemotechnik, die mit Hilfe der freien Assoziation das Unsagbare sprachliche Gestalt annehmen läßt und die
Freud mit Aristoteles' wie Nietzsches Auffassung von Sprache verbindet (was ein Grund mehr dafür gewesen sein mag, daß Freud so
auffällig hartnäckig verneinte, Nietzsches Schriften näher gekannt zu

Friedrich Nietzsche
(1844–1900). Foto von 1883

haben[276]). Anders als zum Beispiel bei Charcot, der sich als Kliniker am Sichtbaren und Räumlichen orientierte – sein von Freud gerühmter klinischer Blick –, entfaltet sich diese Rhetorik in der Dimension des Zeitlichen und Sagbaren, das heißt in der Dimension einer Lebensgeschichte, die einen Anfang und ein Ende kennt. Deren Lücken, die sich bei Freuds Hysterikern in Körpersymptomen Geltung verschaffen, können narrativ geschlossen werden, wenn es gelingt, den Zusammenhang zwischen einem lebensgeschichtlichen Motiv, etwas zu vergessen oder zu verdrängen, und einem Symptom sichtbar zu machen, und zwar ausschließlich mit dem Mittel sprachlicher Rekonstruktion. Freuds spezifische Leistung gegenüber den ärztlichen Koryphäen seiner Zeit, die sich wie Charcot und Kraepelin auf das «Krankheitsbild» konzentrierten, bestand darin, daß er vom Bild zur Geschichte überwechselte und damit etwas grundsätzlich Neues postulierte: daß die menschliche Psyche, komplexer Ausdruck widerstreitender und verworrener Motivlagen, die an lebensgeschichtliche Erfahrungen geknüpft sind, eine gleichsam natürliche Affinität zu narrativen Konstrukten hat.[277] Wenn Freud schreibt, die Psychoanalyse sei *vor allem eine Deutungskunst*[278], dann trägt er damit diesem Sachverhalt bloß Rechnung.

Schon anläßlich der Niederschrift seiner frühen Fallgeschichten machte Freud die ihn selber überraschende Beobachtung, daß diese

102

Geschichten *wie Novellen zu lesen* seien und daß ihnen, *sozusagen*, der wissenschaftliche Charakter abgehe. *Ich muß mich damit trösten, daß für dieses Ergebnis die Natur des Gegenstandes offenbar eher ver-antwortlich zu machen ist als meine Vorliebe; Lokaldiagnostik und elektrische Reaktionen kommen bei dem Studium der Hysterie eben nicht zur Geltung, während eine eingehende Darstellung der seelischen Vorgänge, wie man sie vom Dichter zu erhalten gewohnt ist, mir gestat-tet, bei Anwendung einiger weniger psychologischer Formeln doch eine Art von Einsicht in den Hergang einer Hysterie zu gewinnen. Solche Krankengeschichten wollen beurteilt werden wie psychiatrische, haben aber vor letzteren eines voraus, nämlich die innige Beziehung zwi-schen Leidensgeschichte und Krankheitssymptomen […].*[279]

Diese Aussage ist in mehrfacher Hinsicht interessant. Einmal läßt sie den selbstreflexiven Charakter der Freudschen Arbeitsweise er-kennen – der Autor schaut sich beim Schreiben gewissermaßen selber über die Schulter und nimmt etwas Besonderes an seinem Schreiben wahr. Zum andern wird überdeutlich, daß die psychologische Erfas-sung und Rekonstruktion einer Lebens- und Krankengeschichte nicht in allgemeinen und deduktiven Sätzen erfolgen kann, wie sie etwa für den *Entwurf* von 1895 typisch sind, vielmehr in einer Art Novellistik, in einer, sit venia verbo, primärprozeßnahen literarischen Sprache, *wie man sie vom Dichter zu erhalten gewohnt ist.* Die unverwechsel-bare Einzigartigkeit einer Lebensgeschichte muß ihren adäquaten Ausdruck in der Unverwechselbarkeit und Einzigartigkeit einer Er-zählung finden, die eine unerhörte Begebenheit beschreibt, die so nur einmal war und nie wieder sein wird. Alle großen Falldarstellungen Freuds folgen solchem «literarischen» Muster, und man kann sich dem Urteil von Steven Marcus über die Krankengeschichte der *Dora* leicht anschließen, hier handele es sich um ein hervorragendes und phantasievolles Werk der Literatur.[280]

Schließlich anerkennt Freud, daß die von ihm gewählte – oder ihm von der *Natur des Gegenstandes* aufgezwungene – Form der Darstel-lung *des ernsten Gepräges der Wissenschaftlichkeit entbehren* muß – eine für Freud vermutlich äußerst schockierende Wahrnehmung. Denn wenn Freud eines war oder doch sein wollte, dann Wissen-schaftler. Man kann mit einiger Berechtigung davon ausgehen, daß die bis heute anhaltende Diskussion über den wissenschaftslogischen Status der Psychoanalyse – die bei nicht wenigen Beobachtern zu dem Ergebnis geführt hat, die Psychoanalyse sei überhaupt keine Wissen-schaft – hier ihren historischen Ausgangspunkt hat: in der Novellistik der *Studien über Hysterie* von 1895 einerseits, in der neurowissenschaftlichen Prosa des zeitgleich entstandenen *Entwurfs einer Psychologie* andererseits. Es ist aufschlußreich, daß diejenigen, die eine literarisch-hermeneutische Lesart der Psychoanalyse bevorzugen, am ehesten bereit sind, Freuds Metapsychologie und Ichpsychologie preiszugeben, während diejenigen, die die «Wissenschaftlichkeit» der Psychoanalyse einklagen, deren «literarischen» und «weichen» Charakter bedauern.

Freud wollte und betrieb praktisch beides: Seine Schöpfung sollte sowohl eine (Natur-)Wissenschaft strenger Observanz sein als auch eine Sprachschule und Auslegungslehre, die sich in der Interaktion zwischen Arzt und Patient bewährt – eine wissenschafts- und erkenntnistheoretisch unmögliche Position.

Trotz der überwältigend evidenten Tatsache, daß sich der psychoanalytische Diskurs im Reich von Texten und Zeichen, von Vergleichen, Metaphern und Metonymien bewegt und daß in ihm fortwährend ein Text in einen anderen Text übersetzt und metabolisiert wird, daß man es bei ihm, kurzum, mit einem durch und durch literarisch-auslegenden Diskurs zu tun hat, dessen «Sinn» der subjektiven Zustimmungsfähigkeit der Beteiligten bedarf, kann man nicht behaupten, Freuds Rekurs auf die Naturwissenschaften, auf Neurologie und Biologie sei bloß episodisch gewesen, und schon gar nicht, Freud habe sich nach 1895, wie Mannoni nahelegt, ganz davon distanziert. Schon seine wissenschaftliche Biographie, der physikalisch-materialistische Hintergrund seiner langen Lehrjahre an Brückes Institut, seine Kokain-Experimente, die ja keineswegs nur jugendliche Allotria waren, seine Aphasieforschungen, seine Hinwendung zum Lamarckismus, dessen Spuren sich in den metapsychologischen Schriften aus der Zeit des Ersten Weltkriegs finden, und vieles andere machen es hochwahrscheinlich, daß diese Prägung für ihn bedeutsam blieb – auch als Psychoanalytiker. Wie selbstverständlich war für Freud Wissenschaft das, was unter dem dominanten Einfluß des Physikalismus eben als Wissenschaft galt. Und da es Freuds Ehrgeiz war, seine Erfindung, die Psychoanalyse, als Wissenschaft auszuweisen, wollte sie denn dem vernichtenden Verdikt der Nichtwissenschaftlichkeit entgehen, mußte er immer wieder versuchen, sie «beyond interpretation» (John E. Gedo) anzusiedeln, indem er ihr eine naturwissenschaftliche Nomenklatur anpaßte. Man kann darin durchaus eine wissenschaftspolitische Maßnahme sehen, die Freud dazu diente, der Psychoanalyse, durch die Neuartigkeit ihrer Entdeckungen ohnehin in der Gefahr, als bizarre Randerscheinung abgetan zu werden, im Feld der Wissenschaft Anerkennung zu verschaffen.

Aber es dürfte dabei noch etwas anderes im Spiel gewesen sein. Freud glaubte tatsächlich daran, daß es so etwas wie einen psychophysischen Parallelismus gebe, *Parallelvorgänge*[281], in welchen Seelisches und Physiologisches aufeinander verweisen oder einander entsprechen. Noch der späte Freud schreibt: *Die Phänomene, die wir bearbeiteten, gehören nicht nur der Psychologie an, sie haben auch eine organisch-biologische Seite und dementsprechend haben wir in unseren Bemühungen um den Aufbau der Psychoanalyse auch bedeutsame biologische Funde gemacht und neue biologische Annahmen nicht vermeiden können. [...] Unsere Annahme eines räumlich ausgedehnten, zweckmäßig zusammengesetzten, durch die Bedürfnisse des Lebens entwickelten psychischen Apparates, der nur an einer bestimmten Stelle unter gewissen Bedingungen den Phänomenen des Bewußtseins Entstehung gibt, hat uns in den Stand gesetzt, die Psychologie auf einer ähnlichen Grundlage aufzurichten wie jede andere Naturwissenschaft, z. B. wie die Physik. Hier wie dort besteht die Aufgabe darin, hinter den unserer Wahrnehmung direkt gegebenen Eigenschaften (Qualitäten) des Forschungsobjektes anderes aufzudecken, was von der besonderen Aufnahmsfähigkeit unserer Sinnesorgane unabhängiger und dem vermuteten realen Sachverhalt besser angenähert ist.*[282] In der Tat gab sich Freud der Hoffnung hin, *daß all unsere psychologischen Vorläufigkeiten einmal auf den Boden organischer Träger gestellt werden sollen. [...] Gerade weil ich sonst bemüht bin, alles andersartige, auch das biologische Denken, von der Psychologie ferne zu halten, will ich [...] ausdrücklich zugestehen, daß die Annahme gesonderter Ich- und Sexualtriebe, also die Libidotheorie, zum wenigsten auf psychologischem Grunde beruht, wesentlich biologisch gestützt ist.*[283] Schließlich findet sich bei Freud jene berühmte Formulierung, wonach *für das Psychische [...] das Biologische wirklich die Rolle des unterliegenden gewachsenen Felsens [spielt]*[284].

Handelt es sich bei solchen Äußerungen, wie Jürgen Habermas meint, tatsächlich nur um ein «szientistisches Selbstmißverständnis» Freuds[285], um eine Art Selbstverkennung, die als solche aufgeklärt und überwunden werden muß? Auf den ersten Blick könnte es so aussehen, denn nichts scheint unvereinbarer zu sein als die harte Begriffssprache des naturwissenschaftlichen Objektivismus, die auf Gesetzesaussagen zielt, und die weiche und metaphorische Sprache des hermeneutischen Subjektivismus, die auf Verstehen, Intersubjektivität und Selbstreflexion aus ist.

Diese gewiß nachvollziehbare Einschätzung verkennt allerdings, daß Freud mehrere gute Gründe hatte, an dem Projekt der Psychoanalyse als Naturwissenschaft festzuhalten. Einer wurde schon erwähnt, der wissenschaftspolitische: Freud mußte daran gelegen sein, die Isolation, in welcher er sich mit seinen psychologischen Neuerungen befand, dadurch zu mildern, daß er sie offenhielt zur Naturwissenschaft hin, die ja bis heute das Wissenschaftsparadigma schlechthin ist. In diesem Zusammenhang sei daran erinnert, daß Freud zu seiner Zeit nicht der einzige war, der naturwissenschaftliche Erklärungsmodelle auf andere Bereiche zu übertragen versuchte; in der damals jungen Sowjetunion bemühte sich Trofim D. Lyssenko, der marxistischen Gesellschaftslehre ein naturwissenschaftliches Fundament zu verschaffen. Auch Freud-Schüler wie Fenichel, Ferenczi und Reich, allesamt begabte Psychoanalytiker, zeigten sich aufgeschlossen, wenn es darum ging, die Freudsche Erfindung nicht auf das Feld einer reinen Hermeneutik zu beschränken. Daß sich dabei, wie auch bei Freud selbst, vieles im Spekulativen verlor, steht auf einem anderen Blatt.

Freuds hartnäckige Option für die Biologie mag auch daher rühren, daß er ein Gespür dafür hatte, daß eine nur hermeneutische Lesart der Psychoanalyse, wie sie später etwa Paul Ricœur in einem berühmt gewordenen Manifest vorgeschlagen hat[286], einem Subjektivismus den Weg ebnet, der nicht nur den von ihm stets betonten wissenschaftlichen Charakter seiner Schöpfung bedroht, sondern diese auch selbst gänzlich aushöhlt, indem sie dem subjektiven Belieben anheimgestellt wird. Wenn man sich die weitere Entwicklung nach Freud vor Augen hält, die dazu geführt hat, daß die Psychoanalyse in den Händen vieler ein Instrument geworden ist, das sich für und gegen fast alles benutzen läßt, kann man Freuds striktes Festhalten am Objektivitätsideal des Naturforschers besser verstehen. Es ist nur scheinbar paradox, daß Freud den Psychosomatiker Viktor von Weizsäcker in einem bestimmten Fall davor warnte, eine Deutung in der Organsprache vorzutragen: *Die Aufklärung der Funktionsstörung [...] deckt sich vollkommen mit der analytischen Theorie, die ich einmal in der banalen Gleichstellung zu erläutern versucht habe, es sei so, als ob der Herr des Hauses ein Liebesverhältnis mit der Köchin angesponnen habe, gewiß nicht zum Vorteil der Küche. Sie zeigen uns dann den feineren Mechanismus der Störung, indem Sie auf entgegengesetzte Innervationen hinweisen, die einander aufheben oder beirren müssen. Von solchen Untersuchungen mußte ich die Analytiker aus erziehlichen Gründen fernhalten, denn Innervationen, Gefäßerweiterungen, Nervenbahnen wären zu gefährliche Versuchungen für sie gewesen, sie hatten zu lernen, sich auf psychologische Denkweisen zu beschränken.*[287]

War Freud hier also bemüht, das organmedizinische Denken in seine Schranken zu weisen und das Psychologische hervorzuheben, so mußte ihm andererseits *aus erziehlichen Gründen* daran gelegen sein, die Psychoanalytiker daran zu erinnern, daß das Seelische, alles menschliche Verhalten, wie immer kulturell vermittelt, «in letzter Instanz» (Friedrich Engels) in einem biologisch-organischen Substrat verankert ist: *Nach vollzogener psychoanalytischer Arbeit müssen wir [...] den Anschluß an die Biologie finden und dürfen zufrieden sein, wenn er schon jetzt in dem einen oder anderen wesentlichen Punkte gesichert scheint. [...] In der Biologie tritt uns die umfassendere Vorstellung des unsterblichen Keimplasmas entgegen, an welchem wie sukzessiv entwickelte Organe die einzelnen vergänglichen Individuen hängen; erst aus dieser können wir die Rolle der sexuellen Triebkräfte in der Physiologie und Psychologie des Einzelwesens richtig verstehen.*[288]

Überdies muß man sich klarmachen, daß Freuds Biologismus ausgezeichnet dazu taugt, seine These von den drei narzißtischen Kränkungen des Menschengeschlechts durch Kopernikus, Darwin und ihn selbst im Sinne des zweiten zu untermauern. Daß der Mensch zu zuallererst ein endliches Körperwesen ist, das «mit allen Tieren» (Bertolt Brecht) sterben muß, und daß die Einsicht in die Endlichkeit und Animalität des Homo sapiens dazu verhilft, jene Kluft zu überwinden, *die frühere Zeiten menschlicher Überhebung allzuweit zwischen Mensch und Tier aufgerissen haben*, wie es im *Mann Moses* heißt[289] – dies gehörte gewiß zu den tiefsten Überzeugungen, die Freud nicht preiszugeben bereit war. Wenn einmal vom *Menschentier* die Rede ist, so ist das nicht metaphorisch gemeint, sondern entspricht seiner lamarckistischen Auffassung, daß die Instinktausstattung des Tieres und die *archaische Erbschaft*[290] des Menschen gar nicht sehr weit auseinanderliegen.

Zu guter Letzt, um Freuds affirmatives, aber keineswegs naives Verhältnis zur zeitgenössischen Naturwissenschaft angemessen zu würdigen, sei auf den wahrscheinlich wenig bekannten Sachverhalt verwiesen, daß Freud, wenn auch eher kryptisch – vielleicht auf dem Umweg über seinen Lieblingsdichter Heinrich Heine –, ein Bewunderer der Philosophie Spinozas war.[291] Die wenigen Male, die Freud den großen Häretiker des 17. Jahrhunderts erwähnt, lassen erkennen, mit welcher Emphase er, der doch ansonsten eine strikte Distanz zur Philosophie zu wahren vorgab, das Bild des marranischen Juden, seines *Unglaubensgenossen*[292] hochhielt. Womöglich erkannte Freud in Spinoza intuitiv einen fernen Vorläufer seines eigenen Denkens; dafür spricht, daß in der Spinoza-Literatur häufig betont wird, der

«Der Mann Moses»,
1939, Titelblatt

Holländer sei im eigentlichen Sinne der erste wissenschaftliche Psychologe der Neuzeit gewesen.[293] Wie Freud selber, wie Machiavelli, Hobbes, Darwin, Marx und Nietzsche gehört auch Spinoza dem Typus des «Philosophen der dunklen Aufklärung» (Yirmiyahu Yovel) an. Wie Freud ging es Spinoza um die Naturalisierung des Menschen, die Ermächtigung des Naturhaft-Leiblichen, und wie Freud hat Spinoza, in einer bezwingenden Gegenbewegung gegen den Cartesianismus und dessen strengen Dualismus von «res cogitans» und «res extensa», von Geist und Natur, die Idee verfochten, es gebe eine Art Komplementarität von mentalen und körperlich-naturhaften Phänomenen.[294] Für Spinoza ist der Geist bzw. die Seele eine «idea corporis»; Denken und Fühlen gehen gleichsam durch den Körper hindurch, entfalten sich jedenfalls nicht autonom von ihm als ein rein Geistiges. Ähnlich definiert Freud die Affekte der Lust- und Unlustreihe, wenn er sie als die nur bewußten Manifestationen eines ihnen zugrundeliegenden quasi-physiologischen Prozesses beschreibt. Der

Trieb wiederum ist für ihn ein *Grenzbegriff zwischen Seelischem und Somatischem*, er ist *psychischer Repräsentant der aus dem Körperinnern stammenden, in die Seele gelangenden Reize, [...] ein Maß der Arbeitsanforderung, die dem Seelischen infolge seines Zusammenhanges mit dem Körperlichen auferlegt ist*[295]. Was bei Freud *Parallelvorgang* heißt, führt bei Spinoza den Titel «Komplementaritätsprinzip». Zwar kann das eine, das Mentale bzw. Psychische, nicht auf das andere, das Körperlich-Naturhafte, reduziert werden, was auch vice versa gilt; aber beide weisen einen gemeinsamen ontologischen Bezugspunkt auf. Wenn man Freud als heimlichen Spinozisten nimmt – heimlich deshalb, weil er es nicht schätzte, Philosophen als Gewährsleute zu zitieren –, erscheint seine Anstrengung, die Psychoanalyse naturwissenschaftlich zu fundieren, in einem anderen Licht als in dem eines bloß «szientistischen Selbstmißverständnisses»: im Licht des Versuchs nämlich, die neuzeitliche Fragmentarisierung von Leib und Seele, von Natur und Geist – und im wissenschaftlichen Feld von Natur- und Geisteswissenschaften – aufzuheben. Diese Anstrengung Freuds mag man als gescheitert betrachten – aber als solche verdient sie höchsten Respekt.

Baruch de Spinoza (1632–1677). Stich aus den «Opera Posthuma», 1677

Der Arzt, der keiner sein wollte

Freuds berufliche und intellektuelle Biographie wird von einem Widerspruch beherrscht, den er zwar bei sich selbst auszubalancieren vermochte, der aber für die Freud-Schule auf lange Sicht problematische Konsequenzen hatte und den man deshalb als einen soziologischen «Konstruktionsfehler» (Michael Schröter) der Psychoanalyse bezeichnen muß.[296] Die Genese dieses Fehlers läßt sich anhand der Freudschen Berufs- und Intellektualbiographie leicht verfolgen. War Freud ursprünglich gewillt, die Laufbahn des Wissenschaftlers und Forschers einzuschlagen, so mußte er zu Beginn der achtziger Jahre erkennen, daß seine Karriereaussichten an Brückes Institut nicht besonders günstig waren, weshalb er sich aus lebenspraktischen Erwägungen – er war arm, und er wollte heiraten – entschloß, den Beruf des Nervenarztes zu ergreifen. Diese Berufswahl, so steht zu vermuten, bedeutete für Freud einen herben Verzicht, war er doch nie, wie er später immer wieder betonte, *ein therapeutischer Enthusiast*[297], sondern von seinen Neigungen her Wissenschaftler, der seine Zukunft an der Universität sah. Im Rahmen seiner nervenärztlichen Spezialisierung beschäftigte sich Freud zunächst mit den Erscheinungsformen der Hysterie, dann mit den Neurosen überhaupt, um schließlich, mit der *Traumdeutung*, beim menschlichen Seelenleben schlechthin zu landen. Während er im Verlauf der neunziger Jahre gezwungen war, das Projekt einer systematischen klinischen Theorie der Neurosen aufzugeben und den *Sturz aller Werte* zu konstatieren, was nichts anderes heißt, als daß Freud seine weitgespannten neuropathologischen Ambitionen begraben mußte, blieb in diesem *Sturz*, wie er Fließ mitteilte, *allein das Psychologische unberührt*[298]: Dies war die Geburtsstunde der Psychoanalyse als Wissenschaft, die sich fortan und legitimerweise insofern als Wissenschaft begreifen konnte, weil sie als Normalpsychologie des Unbewußten die Grenzen der therapeutischen Praxis sprengte und zu verallgemeinerungsfähigen Aussagen über das Unbewußt-Seelische, nicht nur über dessen pathologische Deformationen, vorstieß. *Ursprünglich*, schreibt Freud im Rückblick, *beabsichtigte die analytische Forschung ja nichts anderes als die Entstehungsbedingungen [...] einiger krankhafter Seelenzustände zu ergründen, aber in dieser Bemühung gelangte sie dazu, Verhältnisse von grundlegender Bedeutung aufzudecken, geradezu eine neue Psychologie zu schaffen, so daß man sich sagen mußte, die Giltigkeit solcher Funde könne unmöglich auf das Gebiet der Pathologie beschränkt sein.*[299] Stets blieb Freud davon überzeugt, daß *Die Traum-*

deutung von 1900 einen *Wendepunkt* von der Therapeutik zur Wissenschaft, *von einem psychotherapeutischen Verfahren zu einer Tiefenpsychologie* bedeutete[300], und auch davon, daß es der Psychoanalyse nur aufgrund dieser Wende gelungen sei, *die Aufmerksamkeit der intellektuellen Welt* auf sich zu ziehen und sich *einen Platz in The History of our times* zu erobern.[301] Die von der Freudschen Psychoanalyse ausgehende Faszination hängt ohne Zweifel damit zusammen, daß sie nicht den kranken und zu heilenden Menschen in den Mittelpunkt ihres Interesses stellt, vielmehr das normale Individuum im Spannungsfeld von individuellem Glücksstreben und kulturellen Normen, von Wunsch und Versagung.

Freilich war und blieb Freud Arzt, gezwungenermaßen. Da ihm eine akademische Laufbahn an der Universität verwehrt war und er eine vielköpfige Familie zu ernähren hatte, sah er sich einerseits genötigt, mit voller Kraft eine nervenärztliche Spezialpraxis zu betreiben und genügend Patienten zu akquirieren, deren Honorare den

Aus Freuds Rechnungsbuch, 1896

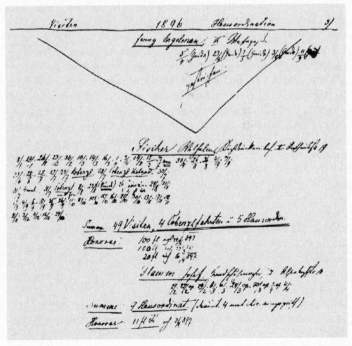

Lebensunterhalt sicherten; andererseits, gleichsam nebenher oder parallel dazu, die von ihm postulierte neue Psychologie als Grundlagenwissenschaft Schritt für Schritt aufzubauen und nach allen Seiten hin zu erweitern. Auf die Frage Karl Abrahams, wie er es denn schaffe, *neben der Praxis noch zu schreiben*, antwortete Freud: *Ich muß mich von der Psychoanalyse* – gemeint ist die Behandlungspraxis – *durch Arbeit erholen, sonst halte ich es nicht aus.*[302] Arbeit im emphatischen Sinne war für Freud wissenschaftliche Arbeit, nicht die des ärztlichen Therapeuten. Mit einer gewissen Übertreibung, aber auch Berechtigung kann man sogar sagen, daß ihm seine Patienten lediglich das «Material» lieferten, welches er brauchte, um seine wissenschaftlichen Hypothesen zu formulieren. Im Fall seiner Patientin *Dora* verteidigte er die Veröffentlichung von *Bruchstück einer Hysterie-Analyse* ausdrücklich mit dem Hinweis, der Arzt habe *nicht nur Pflichten gegen den einzelnen Kranken, sondern auch gegen die Wissenschaft auf sich genommen*[303] – eher möchte man behaupten, vor allem gegen die Wissenschaft. Die Verpflichtung der Psychoanalyse auf Wissenschaft und Forschung war Freud jedenfalls wichtiger als ihre kurative Seite, die er zwar nicht vernachlässigte, aber auch nicht sonderlich privilegierte. Im Gegenteil. Bereits zur Zeit seiner Freundschaft mit Fließ charakterisierte er die therapeutische Arbeit scherzhaft als *Mohrenwäsche*[304], und an Abraham schrieb er, er wünsche, *daß auch Ihnen die «Mohrenwäsche» an den Nervösen bald ebenso zuwider sei, wie sie es mir geworden ist*[305]. Psychosen hielt er zwar nicht für behandelbar, gleichwohl plädierte er dafür, sie in Behandlung zu nehmen, weil man daraus etwas lernen könne, wie er Ferenczi mitteilte.[306] Im Fall einer Patientin, die ihrem Analytiker entlaufen war, meinte Freud mit einem Anflug von Zynismus: *Sie hat zwar recht, denn sie ist jenseits jeder therapeutischen Chance, aber sie bleibt verpflichtet, sich der Wissenschaft zu opfern.*[307] Für diese Haltung, bei der das Ziel der Heilung eindeutig hinter das der Wissenschaft zurücktritt und der Patient tatsächlich eher Mittel zum Zweck ist, fand Freud später die beschwichtigende Formel vom *Junktim zwischen Heilen und Forschen*[308], auf die sich die nachfolgenden Analytiker-Generationen immer wieder berufen haben. In Wahrheit scheint es so gewesen zu sein, daß Freud im Konfliktfall entschlossen war, dieses Junktim zugunsten der Forschung aufzulösen und das Heilungsinteresse hintanzustellen.

Wie sehr Freud seinem wissenschaftlichen Ehrgeiz folgte, geht nicht zuletzt daraus hervor, daß er in den Statuten der Internationalen Psychoanalytischen Vereinigung von 1910 ausdrücklich festschreiben ließ, Zweck des Vereins sei die «Pflege und Förderung der von Freud begründeten psychoanalytischen Wissenschaft sowohl als reine Psychologie, als auch in ihrer Anwendung in der Medizin und den Geisteswissenschaften»[309]. Diese Zweckbestimmung macht deutlich, daß Freud die Psychoanalyse als Grundlagenwissenschaft («reine Psychologie») betrachtete, die in verschiedenen Bereichen Anwendung finden konnte, darunter in der Medizin. Noch in der späteren Auseinandersetzung um die Berechtigung der Laienanalyse wurde Freud nicht müde zu betonen, daß die Grenze nicht zwischen der ärztlichen Analyse und der außermedizinischen Anwendung der Psychoanalyse liege, vielmehr *zwischen der wissenschaftlichen Psychoanalyse und ihren Anwendungen auf medizinischem und nichtmedizinischem Gebiet*[310]. Für Freud war und blieb seine Schöpfung *Psychologie schlechtweg, gewiß nicht das Ganze der Psychologie, sondern ihr Unterbau, vielleicht überhaupt ihr Fundament*[311]. Schließlich muß in diesem Kontext daran erinnert werden, daß auch schon in der Mittwoch-Gesellschaft, in der sich Freuds erste Schüler zusammenfanden, keineswegs die ärztlichen Belange der Psychoanalyse im Zentrum der Diskussion standen, sondern ihr allgemeiner Charakter als neue Wissenschaft. Wer die «Protokolle der Wiener Psychoanalytischen Vereinigung», Nachfolgerin der Mittwoch-Gesellschaft, studiert, wird sich leicht davon überzeugen, daß von einer gleichsam natürlichen Präponderanz der Medizin nicht die Rede sein kann.

Je selbstbewußter Freud das psychoanalytische Projekt als wissenschaftliches Projekt betrieb, desto weniger macht er ein Hehl daraus, daß er die ärztliche Seite seiner Existenz, die sich aus der Notwendigkeit des Broterwerbs ergab, nicht allzu schwer nahm: *Eine besondere Vorliebe für die Stellung und Tätigkeit des Arztes habe ich in jenen Jugendjahren nicht verspürt, übrigens auch später nicht. Eher bewegte mich eine Art von Wißbegierde*[312], schrieb er rückblickend. Die affektiven Gründe für seine wachsenden Konflikte mit Ferenczi in der zweiten Hälfte der zwanziger Jahre liegen wahrscheinlich darin, daß Freud bei dem Jüngeren Tendenzen entdeckte, die er selbst immer entschiedener ablehnte – den sozusagen mütterlichen Wunsch nach Heilung und Wiedergutmachung. *Es waren*, teilte er Jones nach Ferenczis Tod mit, *in der Tat Regressionen zu den Komplexen seiner Kindheit, deren größte Kränkung die Tatsache war, daß die Mutter ihn, ein mittleres Kind unter 11 oder 13, nicht heiß, nicht ausschließlich genug geliebt hatte. So wurde er selbst eine bessere Mutter, fand auch die Kinder, die er brauchte […].*[313] Für den väterlichen, den gesetzgeberischen Freud kam es einem Verrat an der Sache gleich, daß die strengen Imperative der Wissenschaft zugunsten mütterlicher Sorge und Pflege geopfert werden sollten. Sein Sieg, so sah er es, bestand darin, daß er die therapeutischen Impulse bei sich bändigte und so jene Möglichkeiten in sich freisetzte, die zur Entdeckung eines Allgemeinen und Notwendigen führten – der Psychologie des Unbewußten: *Nach 41jähriger ärztlicher Tätigkeit sagt mir meine Selbsterkenntnis, ich sei eigentlich kein richtiger Arzt gewesen. Ich bin Arzt geworden durch eine mir aufgedrängte Ablenkung meiner ursprünglichen Absicht und mein Lebenstriumph liegt darin, daß ich nach großem Umweg die anfängliche Richtung wieder gefunden habe. Aus frühen Jahren ist mir nichts von einem Bedürfnis, leidenden Menschen zu helfen, bekannt, meine sadistische Veranlagung war nicht sehr groß [...]. Ich meine aber, mein Mangel an der richtigen ärztlichen Disposition hat meinen Patienten nicht sehr geschadet. Denn der Kranke hat nicht viel davon, wenn das therapeutische Interesse beim Arzt affektiv überbetont ist.*[314] Freuds Hinweis auf den ärztlichen Sadismus, welcher ihm selber abgehe, sollte man notabene nicht als blanke Polemik lesen. Im Ersten Weltkrieg hatte er erlebt, welcher Scheußlichkeiten und Sadismen die Militärpsychiatrie fähig war. Und erst recht nach den Erfahrungen des zweiten großen Krieges im 20. Jahrhundert, in dessen

Das Gegenbeispiel zur typischen Militärpsychiatrie: Georg Groddeck mit der Lazarettbelegschaft im Badischen Hof, Baden-Baden

Schutz Teile der deutschen Ärzteschaft unter dem Vorwand, wissenschaftliche Forschung zum Wohle des kranken Menschen zu betreiben, die ungeheuerlichsten Verbrechen an Menschen begingen[315], verbietet es sich, das Freudsche Diktum als überzogen abzutun.

Was Freud in seiner Person gelang – die Verbindung von ärztlicher Tätigkeit und wissenschaftlicher Forschung außerhalb der etablierten akademischen Institutionen, also der Universität –, konnte sich auf Dauer als Modell nicht behaupten. Zwar versuchten auch Freuds Schüler, in der Mehrzahl Ärzte (*Vier Fünftel der Personen, die ich als meine Schüler anerkenne, sind ja ohnedies Ärzte*[316]), dem Vorbild Freuds nachzueifern und als «Freizeitforscher» (Schröter) das wissenschaftliche Ansehen der Psychoanalyse zu mehren. Aber de facto konnte dies auf längere Sicht nicht funktionieren. Abgeschnitten von der Universität und damit von der Möglichkeit, durch wissenschaftliche Arbeit ihren Lebensunterhalt zu sichern, sah sich bereits die Pioniergeneration nach Freud gezwungen, die Psychoanalyse vorwiegend als therapeutische Profession zu rezipieren und sich um Patienten zu kümmern. Der Berliner Arzt Karl Abraham war nach und neben Freud der erste Psychoanalytiker, der seinen Lebensunterhalt ausschließlich mit den Honoraren aus Patientenbehandlungen bestritt. Die meisten ärztlichen Analytiker folgten dieser vorgegebenen Spur – bis heute. Selbst die Nichtärzte aus Freuds Anhängerschaft, etwa Otto Rank und Hanns Sachs, in die er soviel Hoffnung investierte, wenn es darum ging, die Psychoanalyse als nicht-therapeutisches, eben als wissenschaftliches Projekt zu verankern, vermochten sich langfristig als Nur-Wissenschaftler nicht zu behaupten; als es hart auf hart kam und sie Geld verdienen mußten, drängten sie ebenfalls in die therapeutische Praxis, sehr zum Bedauern Freuds.

Der soziologische «Konstruktionsfehler» der Psychoanalyse bestand von Beginn an darin, daß der angestammte soziale Ort der neuen Psychologie – wie der jeder Wissenschaft –, die Universität[317], der Freud-Schule versperrt blieb. Mit dem Scheitern der Beziehung zu C. G. Jung, über den Freud im akademischen Feld Fuß zu fassen hoffte, war dieser Ort endgültig verloren. So mußte die Freudsche Schöpfung, entgegen den Intentionen ihres Urhebers, als Therapie, als Praxis niedergelassener Ärzte reüssieren. Und je stärker im folgenden die verpflichtende Kraft des Vorbilds Freud verblaßte, der das Junktim von Forschen und Heilen, wie prekär auch immer, in seiner Person verkörperte, desto blasser wurde das Bild der Psychoanalyse als Wissenschaft. Daß sie gleichwohl bis heute überlebt hat, muß man fast als ein Wunder bezeichnen.[318]

Männer und Frauen

Das Freudsche Werk exekutiert sich vollständig im «Namen des Vaters» (Jacques Lacan [319]), des phallischen Signifikanten, im Zeichen der jüdischen Vaterreligion und des patriarchalen Gesetzes. Was für das Werk, insbesondere für Freuds Theorie der Männlichkeit und komplementär die der Weiblichkeit, unübersehbar bestimmend ist, die apriorische und unhinterfragbare Dominanz des väterlichen Gesetzes, findet, keineswegs überraschend, in Freuds eigener Biographie sein gleichsam natürliches Pendant. Schon der autobiographische Eintrag am Anfang der *Traumdeutung*, wonach der Tod seines Vaters Jacob *das bedeutsamste Ereignis* und der einschneidendste *Verlust im Leben eines Mannes* sei [320], signalisiert Freuds Bereitschaft, sein Werk der paternalen Genealogie zu unterstellen. Denn *Die Traumdeutung*, dieses Urbuch und Stiftungswerk der Psychoanalyse, nahm ihren Ausgang von jener *Selbstanalyse*, die durch Jacobs Tod ausgelöst wurde. An keinem Ort seines Werkes taucht die Mutter vergleichbar richtungweisend und prominent auf – sie blieb, wie der späte Freud resigniert festhielt, *so schwer analytisch zu erfassen, so altersgrau, schattenhaft, kaum wiederbelebbar*, als ob diese Mutter *einer besonders unerbittlichen Verdrängung erlegen wäre.*[321] Auch wenn, genaugenommen, an dieser Stelle nicht von der Mutter, sondern von der *ersten Mutterbindung* die Rede ist, darf man getrost den Schluß wagen, daß es die Mutter schlechthin ist, die der Mann Freud einer *besonders unerbittlichen Verdrängung* ausgesetzt sieht – bei sich selbst.

Wie kongruent Biographie und Werk im Falle Freuds sind, wenn es um den Akt der väterlichen Gesetzgebung geht, illustriert ein Ereignis, das Peter Gay scharfsinnig durchleuchtet hat.[322] Wenn man Freud beim Wort nimmt – und man sollte es unbedingt tun –, dann ist der Vorgang der Namensverleihung etwas, das nicht nur dem Bewußtsein unterliegt, sondern immer auch den magischen Sinnschöpfungen und -erfindungen des Unbewußten. Namen, das wußte Freud, sind keineswegs Schall und Rauch; vielmehr sind sie imprägniert von unbewußtem Sinn und fernen Bedeutungen: *Namen sind für die Primitiven – wie für die heutigen Wilden und selbst für unsere Kinder – nicht etwa etwas Gleichgültiges und Konventionelles, wie sie uns erscheinen, sondern etwas Bedeutungsvolles und Wesentliches. Der Name eines Menschen ist ein Hauptbestandteil seiner Person, vielleicht ein Stück seiner Seele.*[323] Laut Gay behielt es sich Freud vor, die Namen für seine sechs Kinder höchstpersönlich zu wählen, ohne seiner Frau Martha irgendein Mitspracherecht einzuräumen – und diese Wahl geschah ausschließlich im Namen des Vaters. Mathilde wurde nach der Frau seines väterlichen Freundes und Mentors Josef Breuer benannt; Jean-Martin geht direkt auf das wissenschaftliche Vorbild Charcots zurück; Oliver erhielt seinen Namen nach dem englischen Diktator Cromwell, der sein Land für die Juden öffnete (und der, pikanter Nebensinn, als symbolischer Vatermörder in die Geschichte eingegangen ist, weil er aus Gründen der Staatsräson der Hinrichtung Karls I. zustimmte); Ernst unterlag der machtvollen Autorität Brückes; Sophie und Anna schließlich verdanken ihre Namen einer Nichte und einer Tochter Samuel Hammerschlags, des verehrten Religionslehrers von Freud. Und wäre das sechste Kind nicht ein Mädchen, sondern ein Junge geworden, so hätte es konsequenterweise einen Namen erhalten, der in der «väterlichen» Reihe nicht fehlen durfte: *Wenn es ein Sohn gewesen wäre, hätte ich Dir telegraphische Nachricht gegeben, denn er – hätte Deinen Namen getragen*[324], so Freud an Wilhelm Fließ. In all den Namen von Freuds Kindern verdichtet sich ein Name: der Name des Vaters, sei's von Freuds realem Vater Jacob, sei's von seinen symbolischen Vätern, die im Freudschen Werk unter verschiedenen Namen, am häufigsten unter dem des Ödipus und des Moses, des Rätsellösers und des Gesetzgebers, des Vatermörders und des Führers, auftauchen. In der exklusiven Zentrierung auf die symbolische Gestalt des Vaters, im nachträglichen Gehorsam gegen die jüdische (Jacob Freud, Breuer, Hammerschlag) und die wissenschaftlich-politische (Charcot, Brücke, Cromwell) Paternalität manifestiert sich der unbewußte Sinn von Freuds Namenswahl, der nicht nur seine private Biographie, sondern auch sein wissenschaftliches Werk determiniert.

Deshalb entwirft Freud das Bild der Frau ganz und gar im Zeichen des Ausschlusses und des Mangels. Der Existenzform des Weiblichen fehlt alles Wesentliche, eben das, was ein Subjekt konstituiert: der Penis, das Über-Ich (Gewissen), der Intellekt, die Fähigkeit zu Sublimierung und Kulturtätigkeit – darin ist sich Freud, konventionell und zeitgemäß, mit den meisten Männern seiner Epoche einig, mit Karl Kraus, August Strindberg, Frank Wedekind und Otto Weininger. Die Frau ist nichts als ein unvollkommener Mann.

Auf einem anderen Feld hatte sich Freuds monistische Sicht der Dinge als durchaus progressiv, ja revolutionär erwiesen, als die zeittypischen Vorurteile sprengend, nämlich auf dem Feld der Krankheitslehre. Wie wir gesehen haben, lehnte Freud es seit der *Traumdeutung* ab, zwischen Gesundheit und Krankheit prinzipiell zu unterscheiden.

Gemäß seinen «im Grunde egalitären Vorstellungen»[325] galt ihm Krankheit als graduelle Abstufung oder Abweichung von einer – fiktiven – Gesundheitsnorm, Gesundheit umgekehrt höchstens als *gemeines Unglück*[326], als ein relativer Zustand von physischem oder psychischem Wohlbefinden, so wie Homosexualität und andere «Perversionen» nicht der absolute Widerpart vermeintlich normaler Heterosexualität sind.

Dagegen stellte sich der gleiche Monismus, für den das kleine Mädchen eigentlich *ein kleiner Mann*[327] ist, auf dem Feld der Geschlechtertheorie als für die Frauen verhängnisvoll heraus. Denn Freud zufolge kommt das Mädchen eines Tages nicht umhin festzustellen, daß ihm zur vollen und normalen Männlichkeit etwas fehlt, ein anatomisches Attribut, dessen Mangel es dazu zwingt, zur Frau zu werden, das heißt zu einem Wesen, welches per definitionem minderwertig ist. Das Gefühl, kastriert zu sein – denn außer dem männlichen Genitale gibt es nichts –, und die damit verbundene narzißtische Kränkung (*Penisneid*[328]) kehrt das Mädchen gegen die Mutter, indem es sich von ihr ab- und dem Vater zuwendet. Irgendwann aber erkennt das Mädchen nach Freud, daß auch der Vater ihm nicht das geben kann, was ihm fehlt, weshalb es seine Hoffnungen auf ein Kind verschiebt. Während der Knabe den Ödipuskomplex dadurch bewältigt, daß er der väterlichen Kastrationsdrohung weicht und das Objekt seiner inzestuösen Begierde aufgibt, erlebt das Mädchen die ödipale Situation als Folge einer bereits vollzogenen Kastration; es hat daher wenig Grund, diese Situation zu verlassen: *Beim Mädchen entfällt das Motiv für die Zertrümmerung des Ödipus-Komplexes. Die Kastration hat ihre Wirkung bereits früher getan und diese bestand darin, das Kind in die Situation des Ödipus-Komplexes zu drängen.*[329] Noch der späte Freud konstatiert, das Mädchen laufe *in die Ödipussituation wie in einen Hafen ein*, wohingegen der Knabe genötigt ist, ebendiese Situation zu verlassen und als ihr Erbe *ein strenges Über-Ich* einzusetzen.[330] Mit anderen Worten: Der kleine Mann entwickelt frühzeitig das, was ihn zu einem richtigen Mann, das heißt zu einem vollen Menschen machen wird, während das kleine Mädchen regressiv in einer Situation verharrt, die es ewig hindern wird, ein ganzer Mensch zu werden: Für das Mängelwesen Frau bleibt der Mann das Maß aller Dinge. *Die Anatomie ist das Schicksal*[331], oder auch: *Der anatomische Unterschied muß sich doch in psychischen Folgen ausprägen.*[332]

Die psychischen Folgen für die Frau, die letztlich ihrem unersättlichen Penisneid geschuldet sind, hat Freud in plakativen Formulierungen zusammengefaßt, die kaum Zweifel daran lassen, daß seine

Weiblichkeitstheorie Ausgeburt des paternalen Gesetzes ist oder genauer: einer zentralen männlichen Phantasiefigur (Christa Rohde-Dachser[333]), die unbewußt ist, von Freud aber als wissenschaftliche Erkenntnis ausgegeben wird. So heißt es etwa in der *Neuen Folge der Vorlesungen zur Einführung in die Psychoanalyse*: *Die Bildung des Über-Ichs muß unter diesen Verhältnissen* – der ödipalen Situation für das Mädchen – *leiden, es kann nicht die Stärke und die Unabhängigkeit erreichen, die ihm seine kulturelle Bedeutung verleihen [...].*[334] Und: *Daß man dem Weib wenig Sinn für Gerechtigkeit zuerkennen muß, hängt wohl mit dem Überwiegen des Neids in ihrem Seelenleben zusammen [...]. Wir sagen auch von den Frauen aus, daß ihre sozialen Interessen schwächer und ihre Fähigkeit zur Triebsublimierung geringer sind als die der Männer.*[335] An anderer Stelle schließlich: *Charakterzüge, die die Kritik seit jeher dem Weibe vorgehalten hat, daß es weniger Rechtsgefühl zeigt als der Mann, weniger Neigung zur Unterwerfung unter die großen Notwendigkeiten des Lebens, sich öfter in seinen Entscheidungen von zärtlichen und feindseligen Gefühlen leiten läßt, fänden in der [...] Modifikation der Über-Ichbildung eine ausreichende Begründung. Durch den Widerspruch der Feministen, die uns eine völlige Gleichstellung und Gleichschätzung der Geschlechter aufdrängen wollen, wird man sich in solchen Urteilen nicht beirren lassen [...].*[336]

Solch kategorische Aussagen Freuds, die allenfalls dadurch gemildert werden, daß ihr Urheber gelegentlich aufkommenden Zweifel an der Stichhaltigkeit seiner Befunde erkennen läßt (auch die Psychologie werde *das Rätsel der Weiblichkeit nicht lösen*[337]), stießen freilich schon zu Lebzeiten Freuds auf den *Widerspruch der Feministen*, namentlich auf den Karen Horneys, die bereits 1926 die bemerkenswerte Beobachtung machte, daß Knabenphantasien und die Freudsche Theorie der Weiblichkeit im Sinne einer Theorie des Mangels weitgehend identisch seien.[338] Die behauptete Mangelhaftigkeit der Frau hängt nach dieser Beobachtung damit zusammen, daß die Entdeckung des anatomischen Unterschieds zwischen Knaben und Mädchen beim ersteren Kastrationsängste mobilisiert, die dann auf die Frau projiziert werden müssen, um selber das Gefühl haben zu können, «ganz» und «heil» zu sein nach dem Motto: Ihm, dem Mädchen, fehlt etwas, nicht mir. Horney erfuhr mit ihrer rebellischen Sicht Unterstützung durch Ernest Jones, der Freuds Sistierung der Frau als «un homme manqué» entschieden zurückwies[339], während Freud sich des Beistands von Helene Deutsch und Jeanne Lampl-de Groot versicherte. Daß sie später gemeinsam mit Erich Fromm die Freudsche Psychoanalyse kulturalistisch verharmloste und damit deren Bestes

Karen Horney (1885–1952)

preisgab, mag mit ihrem wachen Gespür dafür zu tun haben, daß sich Freuds Biologismus als ernsthaftes Hindernis erwies, der Frau eine eigene und autonome Entwicklungsperspektive zu zeigen, die aus ihrer Festschreibung als «kastrierte» – und komplementär als «furchtbare» – Frau herausführt.

Siebzig, achtzig Jahre nach Freuds Erfindung der Frau als Mängelwesen ist von dieser Erfindung nicht viel übriggeblieben. Der Freudofeminismus, der im letzten Drittel des 20. Jahrhunderts einen enormen Aufschwung erlebte, hat unerbittlich die Blößen, Schwachstellen und Widersprüche des Freudschen Weiblichkeitskonstrukts freigelegt[340], indem er demonstrieren konnte, daß ihm unbewußte Phantasien zugrunde liegen, welche die Funktion haben, Wahrnehmungs- und Denkidentität herzustellen – «aus dem analysierten wird der analytische Mythos» der Frau[341]. Ein Stück dieses Unbewußten könnte darin bestehen, daß Freud, der als Jude selber dem populären Verdacht der Inferiorität und Unmännlichkeit ausgesetzt war – in der explizit und implizit antisemitischen Literatur der Jahrhundertwende wimmelt es von Anspielungen auf die Minderwertigkeit und Effeminiertheit der Juden[342] –, diesen Verdacht auf die Frauen übertrug und dadurch seine eigenen Minderwertigkeitsgefühle beschwichtigte.[343] In Freuds wiederholter und energischer Verneinung der Unterstellung, Juden seien irgendwie minderwertiger als die Angehörigen anderer Rassen, steckt, wie Freud selber gezeigt hat – *daß die Anerkennung des Unbewußten von seiten des Ichs sich in einer negativen Formel ausdrückt*[344] –, das Eingeständnis, minderwertig zu sein: Juden und Frauen unterliegen derselben Logik des Ausschlusses. Und auch dafür, daß die Frauen in seinem Theoriesystem so schlecht wegkommen, hat Freud eine glänzende Erklärung parat, wenn er schreibt, *daß gerade die kleinen Unterschiede bei sonstiger Ähnlichkeit die Gefühle von Fremdheit und Feindseligkeit zwischen ihnen begründen. Es wäre verlockend, dieser Idee nachzugehen und aus diesem «Narzißmus der kleinen Unterschiede» die Feindseligkeit abzuleiten, die wir in allen menschlichen Beziehungen erfolgreich gegen die Gefühle von Zusammengehörigkeit streiten und das Gebot der allgemeinen Menschenliebe überwältigen sehen.*[345]

Die feindseligen und misogynen Seiten des Theoretikers sollten uns allerdings nicht dazu verführen, andere Seiten an ihm zu übersehen. War er auch als Psychologe der Erfinder der «defekten Frau», so gilt doch nicht weniger, daß er gewissermaßen die Frau als Frau überhaupt erst erfunden hat. Daß Frauen als eigenständiges Subjekt der Wissenschaft figurieren, wie es Freud und Breuer in den *Studien über Hysterie* exemplarisch vorgeführt hatten, war um die Jahrhundertwende alles andere als selbstverständlich. Darüber hinaus darf man sagen, daß mit Freuds Rekurs auf das Psychische und die Subjektivität des Menschen, mit seinem Ernstnehmen subjektiver Narrationen, Phantasien und Gefühle, mit seiner Privilegierung von Introspektion und Empathie – Züge, welche nach dem herrschenden szientifischen Selbstverständnis jener Zeit mit seriöser Wissenschaft unvereinbar waren – ein starkes antipatriarchales Element in die Psychoanalyse gleichsam eingebaut war, das den feministischen Vorwurf, die Psychoanalyse sei prinzipiell frauenfeindlich, wenigstens ein Stück weit entkräftet. Schließlich sei darauf hingewiesen, daß sich die triftigste Freud-Kritik des Freudofeminismus ebenjener wissenschaftlichen Methoden bedient, die der Erfinder der Psychoanalyse selber bereitgestellt hat.

Ein fast kurios zu nennender Widerspruch ist, daß er, der den Frauen die Befähigung zu Rationalität und Kultur so vehement absprach, in besonderem Maße kultivierte und intelligente Frauen anzog.[346] Seine Freundschaften mit Lou Andreas-Salomé, Marie Bonaparte, Helene Deutsch, Hilda Doolittle, Jeanne Lampl-de Groot, Ruth Mack Brunswick und Joan Riviere sind legendär und beschränkten sich keineswegs aufs Private, sondern bezogen wie selbstverständlich das Wissenschaftliche ein. Die Leistungen dieser Frauen als Analytikerinnen bezeugen es eindringlich. Wissenschaftssoziologisch betrachtet gehört die Psychoanalyse zu den Disziplinen, in denen der Anteil der Frauen seit jeher signifikant hoch ist, bis heute. Und wenn es eines Beweises dafür bedürfte, auf welch tönernen Füßen Freuds paternale Weiblichkeitstheorie ruht, dann wäre dieser Beweis seine Tochter Anna, die mit ihrem Werk alles Lügen strafte, was ihr Vater jemals über die Frauen gesagt und geschrieben hat. Er freilich hätte dem entgegengehalten, daß es auch Frauen gibt, die zu «richtigen» Männern taugen.

Dezentrierung – Rezentrierung

Die Gewißheit des frühen 19. Jahrhunderts, wonach das Wirkliche vernünftig und das Vernünftige wirklich sei (Hegel), war im letzten Drittel des Säkulums bereits schwer erschüttert. Der Glaube an die Vernünftigkeit dessen, was ist, und an die Vernunftfähigkeit des Menschen hatte schon durch die Verherrlichung und Poetisierung des Bösen, des Häßlichen, des Kranken und Irrationalen in den Dichtungen Edgar Allan Poes, Charles Baudelaires, Arthur Rimbauds, Joris Karl Huysmans' und des Comte de Lautréamont nachhaltig Schaden genommen – die andere Moderne begann der ersten Moderne, die im Zeichen eines expansiven Industrialismus und ungebrochener Naturbeherrschung stand, die Gegenrechnung aufzumachen. Vollends in den Schriften Schopenhauers und Nietzsches erlitt der Glaube an die Vernünftigkeit des Wirklichen Schiffbruch. Daß hinter der Fassade von Rationalität etwas ganz anderes lauere als das, was das fortschrittsversessene Publikum als seine Triumphe feierte, daß der Mensch nicht moralisch gut oder zumindest vervollkommnungsfähig, daß er nicht «die Krone der Schöpfung», vielmehr «das Schwein» (Gottfried Benn) sei, daß er nicht von hellem Denken, sondern von dunklen Kräften angetrieben werde – dies galt der künstlerischen und intellektuellen Avantgarde des späten 19. Jahrhunderts als ausgemachte Sache.

In Freuds Psychoanalyse, wiewohl von der Emphase des Rationalen, Wissenschaftlichen und der Anstrengung des Begriffs zutiefst durchtränkt, findet diese Dezentrierungsarbeit am Subjekt ihren vorläufigen Höhepunkt. Indem Freud pauschal – und insofern gänzlich ahistorisch – zeigt, daß die menschliche Kultur in ihrem Ursprung auf einem Verbrechen beruht und daß sie dieser Untat bloß abgerungen ist, in deren Bann hemmungsloser Lustsuche die mühsam kultivierten Subjekte jederzeit zurückfallen können (und oft genug auch wollen), und daß Kultur, sofern sie unter dem Vereinigungsgebot steht («Liebe deinen Nächsten wie dich selbst»), nichts als eine *Zumutung*[347] darstellt, welcher sich die Menschen sozusagen vernünftigerweise entziehen – indem Freud all dies zeigt, benennt er zugleich die Gründe, warum eine stabile Kultur, welche die Individuen dauerhaft befriedet und hegt, ein Ding der Unmöglichkeit ist. Die Menschen, so Freud, müssen lernen, daß ihre kulturellen Veranstaltungen samt und sonders auf Sand gebaut sind, weil im Konfliktfall – und dieser Fall ist praktisch immer gegeben – der sexuelle Wunsch (der in Freuds früher psychoanalytischer Theorie dominiert) oder der Wunsch zu töten (der sich beim späten Freud in den Vordergrund schiebt) stärker ist als die einschränkenden und die Individuen voreinander schützenden Normen der Kultur. In dieser radikalen Sicht erscheint der einzelne tatsächlich als vollständig dezentriert, ist doch die einzige Gewißheit, die ihm bleibt, die, daß er weder sich selbst noch dem anderen trauen kann. Bei Freud ist, geradezu in Umkehrung des Hegelschen Satzes, das Wirkliche unvernünftig und das Unvernünftige wirklich. Im *Unbehagen in der Kultur* gibt es eine Stelle, an der Freud, unter Berufung auf Heinrich Heine, sich gestattet, *schwer verpönte psychologische Wahrheiten wenigstens scherzend zum Ausdruck zu bringen*: «Ich

Heinrich Heine
(1797–1856), 1827.
Radierung von
Ludwig Emil Grimm

habe die friedlichste Gesinnung. Meine Wünsche sind: eine bescheidene Hütte, ein Strohdach, aber ein gutes Bett, gutes Essen, Milch und Butter, sehr frisch, vor dem Fenster Blumen, vor der Tür einige schöne Bäume, und wenn der liebe Gott mich ganz glücklich machen will, läßt er mich die Freude erleben, daß an diesen Bäumen etwa sechs bis sieben meiner Feinde aufgehängt werden. Mit gerührtem Herzen werde ich ihnen vor ihrem Tode alle Unbill verzeihen, die sie mir im Leben zugefügt – ja, man muß seinen Feinden verzeihen, aber nicht früher, als bis sie gehenkt werden.»[348]

Freuds ebenso ungemütliche wie treffsichere Diagnose, wonach *triebhafte Leidenschaften [...] stärker [sind] als vernünftige Interessen* – denn : *Das Interesse der Arbeitsgemeinschaft würde sie nicht zusammenhalten*[349] – und zerstörerische Impulse über die vereinigenden, kulturstiftenden und -bewahrenden allemal den Sieg davontragen, ist durch die Massaker des 20. Jahrhunderts, die alles historisch Vorangegangene weit in den Schatten stellen, auf grauenhafte Weise bestätigt worden. So ist in der Literatur über die nationalsozialistische Judenvernichtung immer wieder darauf aufmerksam gemacht worden, daß das rationale, etwa ökonomisch begründete Interesse der Nationalsozialisten an der Ausbeutung der jüdischen Arbeitskraft, welche unter dem Vorzeichen des Krieges und dem Primat der Rüstungsproduktion dringend erwünscht war, letztlich durch das irrationale Interesse an der Vernichtung der Juden konterkariert wurde. «Der SS-Obersturmbannführer Franz, Lagerkommandant des Konzentrationslagers in Treblinka, besaß noch bei seiner Verhaftung in Hannover 1959 ein Fotoalbum, das zahlreiche Lichtbilder aus der Zeit seines Einsatzes in Treblinka enthielt, mit der Aufschrift ‹Die schönste Zeit meines Lebens›. Die Tatsache, daß er dieses ihn schwer belastende Material nach 1945 entgegen aller Zweckrationalität nicht vernichten konnte, [...] erläutert die zwanghafte Rolle, die sie [die Bilder] für die Identität ihres Besitzers spielen.»[350] Sie illustriert und beweist den von Freud diagnostizierten Sachverhalt des Vorherrschens unvernünftiger, destruktiver und autodestruktiver Leidenschaften gegenüber dem vernünftigen individuellen und Gattungsinteresse an Selbsterhaltung.

Mit seiner radikal pessimistischen Anthropologie, die den Menschen zu einem getriebenen, vernunftfernen Tier entmachtet und den *tiefwurzelnde[n] Glaube[n] an psychische Freiheit und Willkürlichkeit*[351] entschieden bekämpft, stand Freud zu seiner Zeit keineswegs allein. Vor allem im Gefolge Nietzsches und dessen Proklamation eines «amor fati», demgemäß man lieben müsse, was immer die Condition humaine an Schicksal bereithalte – das Harte, das Schwere und Unausweichliche –, verkündeten die Autoren der konservativen Revolution in einer scharfen Wendung gegen die Vernunft- und Fortschrittsgläubigkeit des 19. Jahrhunderts die unabwendbare Tragik des menschlichen Daseins und die Vergeblichkeit aller Kulturanstrengung, die es heroisch zu ertragen gelte. In den Schriften Vilfredo Paretos, Georges Sorels, Oswald Spenglers und Ernst Jüngers wird der Mensch in je unterschiedlicher Akzentuierung zu einem rein instinktgesteuerten Wesen erklärt, dessen Rationalität nichts als nachträgliche und willkürliche Rationalisierung ist und der sich am Ende allein durch Kampf und Gewalt behauptet.[352] Die Nähe zu bestimmten Prämissen der späten Freudschen Triebtheorie ist unübersehbar, und daß Freud, wie schon bemerkt, von Nietzsche so wenig wissen wollte, mag seinen Grund auch darin haben, daß Freud ahnte, daß da einer vor ihm war, der Dinge gesagt hatte, die er selber sagen und die er als seine Entdeckung reklamieren wollte.

Tatsächlich ist Freud oft mit Pareto und dessen Emphase für das Irrationale und Instinktive in Beziehung gebracht worden, wobei freilich eine entscheidende Differenz unterschlagen wurde. Denn im Unterschied zu den Theoretikern der konservativen Revolution, deren dezentrierende Anthropologie ausnahmslos in einen «Kult der Gewalt» (Peter Gay[353]) und das Postulat der Herrschaft des Starken über den Schwachen mündet, versagt sich Freud einem solchen Kult und einem solchen Postulat. Seine kühle und gewiß höchst unerfreuliche Diagnose, derzufolge die Macht des Unbewußten weiter reicht als die bewußter Ambitionen und Intentionen und triebhafte Bedürfnisse durch den Appell an die Vernunft schwerlich zu domestizieren sind, treibt ihn im Gegensatz zu Pareto, Sorel und Spengler zu der einzig humanen Einsicht, daß die von jenen bekräftigte Gewalt, die zum «Untergang des Abendlandes» (Spengler) und zur Heraufkunft einer neuen, starken Rasse von Herrenmenschen führen soll, nicht das letzte Wort behalten dürfe. Freuds Anerkennung der faktischen Übermacht des bloß Seienden ist essentiell kritisch und enträt des triumphalen Gestus der Bejahung dessen, was ist.

Dieser Verzicht hat, wie alles im Leben, seinen Preis, und Freud entrichtet ihn. Zwar gelte weiter, daß die Kultur *einen fast unerträglichen Druck auf uns*[354] ausübe und daß wir uns deshalb *in unserer heutigen Kultur nicht wohlfühlen*[355]; dennoch sei es lohnend, am Ziel der Kulturentwicklung festzuhalten, verspreche es doch handgreifliche Fortschritte und Erleichterungen, wenn der Mensch bestimmten Triebbefriedigungen entsage, so wie einst der Urmensch die homosexuelle Lust des Feuerlöschens durch Urinieren zum Zwecke der kulturellen Evolution aufgab: *Wer zuerst auf diese Lust verzichtete, das Feuer verschonte, konnte es mit sich forttragen und in seinen Dienst zwingen. Dadurch daß er das Feuer seiner eigenen sexuellen Erregung dämpfte, hatte er die Naturkraft des Feuers gezähmt. Diese große kulturelle Eroberung wäre also der Lohn für einen Triebverzicht. Und weiter, als hätte man das Weib zur Hüterin des auf dem häuslichen Herd gefangengehaltenen Feuers bestellt, weil ihr anatomischer Bau es ihr verbietet, einer solchen Lustversuchung nachzugeben.*[356]

Die ansonsten so gescholtene Kultur avanciert in Freuds späten Schriften unversehens zum letzten Rettungsanker. Kultur, als Bollwerk gegen den allzeit drohenden Rückfall in die Barbarei (wie ihn in der Tat die Lehrer der konservativen Revolution predigten und der Nationalsozialismus praktizierte), soll möglich sein, sofern die Menschen zur *verständigen Resignation*[357] bereit sind und der *Lustversuchung* – man möchte sagen: mannhaft – widerstehen. Sublimation und Kultur sind eins, so wie beide eins sind mit dem «Namen des Vaters», mit Ödipus und Moses.

Damit die Kultur zum «Prinzip Hoffnung» (Ernst Bloch) taugt, an welchem festgehalten werden muß, sieht sich Freud unter der Hand genötigt, den von ihm angestrengten theoretischen Prozeß der Dezentrierung von Individuum und Kultur aufzuhalten und eine Reihe rezentrierender Theorieelemente einzuführen. Anstatt zu realisieren, daß der kulturstiftende ursprüngliche Gewaltakt mit Notwendigkeit dahin führt, daß die Kultur, weit davon entfernt, die konkurrierenden Individuen zu befrieden, ihrerseits Gewalt stiftet[358]; anstatt zu erkennen, daß die zerstörerischen und selbstzerstörerischen Tendenzen der modernen Zivilisation – um zu Freuds ahistorischem Kulturbegriff auf Distanz zu gehen – in ihr selbst angelegt sind, daß sie das genaue «Negativ von Zivilisation» (Theodor W. Adorno) darstellen in dem Sinne, daß «die Tugenden, in denen die Destruktionstendenzen rationalisiert werden, [...] ausnahmslos und ganz unmittelbar die ‹Werte› der Zivilisation sind»[359], konstruiert Freud einen beinahe absoluten Gegensatz zwischen Kultur, die es zu schützen, und Triebbarbarei, der es zu wehren gelte. Träger kultureller Errungenschaften aber ist der Mann, und in dieser kulturtragenden Funktion wird er von Freud enorm aufgewertet, das heißt: rezentriert. Vor allem das männliche Individuum erscheint spätestens seit *Totem und Tabu* als mit Eigenschaften und Fähigkeiten ausgestattet, die es ihm erlauben, die gefährlichen Abgründe und Verlockungen des Triebhaft-Irrationalen zu meistern und festen Boden unter den Füßen zu gewinnen –

den Boden der Kultur, welcher der Zuydersee immer aufs neue abgerungen werden muß.[360]

In der Freud-Literatur ist viel darüber spekuliert worden, was Freud dazu veranlaßt hat, jede matrilineare Deutungsmöglichkeit von Kultur auszuschlagen und sich ganz auf die patrilineare festzulegen. Denn es ist ja auffällig (und nicht nur für den Freudofeminismus anstößig), daß Freud praktisch auf allen Niveaus seiner Psychologie – dem klinischen, dem entwicklungstheoretischen, dem religions- und kulturhistorischen und dem der Geschlechtertheorie – ausschließlich einem patrilinearen Muster folgt: Am Anfang der menschlichen Geschichte steht der Vater der Urhorde; *Wurzel aller Religionsbildung* ist die *Vatersehnsucht*[361]; das primäre Bedürfnis des Kindes ist *das nach dem Vaterschutz*[362]; und *die erste und bedeutsamste Identifizierung des Individuums [ist] die mit dem Vater der persönlichen Vorzeit*[363]. So geht es bei Freud fort und fort, weshalb die schon zu Beginn dieses Buches ausgesprochene Vermutung erlaubt sein muß, der Vater der Psychoanalyse habe aufgrund traumatischer Erfahrungen mit den bemutternden Personen seiner frühen Kindheit die Dimension des Weiblichen besonders rigide abwehren und verdrängen müssen. Daß dies nicht mehr als eine Vermutung sein kann, bedarf keiner Erläuterung.

So steht insbesondere Freuds späte Kulturtheorie unter dem Verdacht, Resultat einer Verdrängung und das heißt einer Verdinglichung zu sein oder, um den glücklich gewählten Ausdruck Jean Laplanches zu benutzen, eines «Ptolemäismus»[364], der den Geländegewinn von Freuds kopernikanischer Revolution, der ja allen, Männern und Frauen, zugute kommen sollte, ein Stück weit preisgibt. Insofern hat Laplanche recht, wenn er von der «unvollendeten kopernikanischen Revolution in der Psychoanalyse» spricht. Das gilt nicht nur für die Kulturtheorie.

Freud, der literarischste aller Psychoanalytiker

Daß Freud nicht nur «der literarischste aller Psychoanalytiker»[365] ist, sondern darüber hinaus ein bedeutender Schriftsteller und Meister der deutschen Prosa, wird auch von jenen eingeräumt, die ihm und seinem Werk ansonsten mit Skepsis oder Ablehnung begegnen. Seine Objektivierung erfährt dieser Sachverhalt nicht zuletzt darin, daß Freud mit dem Goethe-Preis seinerzeit die gewichtigste literarische

Anna Freud bei Entgegennahme des Goethe-Preises für ihren Vater, 1930

Ehrung zuteil wurde, die das Deutschland der Weimarer Republik zu vergeben hatte, und daß die Darmstädter Akademie für Sprache und Dichtung alljährlich den Sigmund-Freud-Preis für wissenschaftliche Prosa verleiht. Die literarische Öffentlichkeit hat früh erkannt, daß uns mit dem Freudschen Werk nicht nur ein imposantes wissenschaftliches Gebäude gegenübertritt, sondern ebensosehr ein literarisches Ereignis von beträchtlichem Rang.

Man braucht deshalb nicht so weit zu gehen wie Harold Bloom, der Freuds Anspruch auf Wissenschaft «ein für allemal» bestreitet und ihn zu einem Mythologen stilisiert, den, wie Bloom schreibt, Wittgenstein mißbilligt.[366] Aber man muß anerkennen, daß der Glanz der Freudschen Prosa, ihr Reichtum an literarischen Anspielungen und geglückten Metaphern, ihre Sättigung mit Elementen der Dramatik wie Beschleunigung und Innehalten, Zuspitzungen und überraschenden Wendungen der Sache, um die es ihrem Autor geht, nicht äußerlich sind, sondern ihr wesentlich zugehören.

Freuds psychoanalytisches Werk beginnt mit der Novellistik der *Studien über Hysterie* und endet mit seinem *historische[n] Roman*[367] über den Mann Moses. Daß Freud sich selber als Novellen- und Romanschreiber bezeichnet, deutet auf eine tiefe Identifizierung mit der Literatur hin. Studiert man das Freudsche Werk unter dem Gesichtspunkt seiner Literaturhaltigkeit, so macht man die Entdeckung, daß es mehr Hinweise auf und Zitate von Dichtern – an erster Stelle Goethe und Shakespeare, aber auch Heine, Schiller, Lichtenberg, Jean Paul und Dostojewskij tauchen mit einiger Regelmäßigkeit auf – enthält als Verweise auf wissenschaftliche Autoritäten und Vorbilder. Literatur, so darf man wohl sagen, war für Freud eine primäre Quelle der Inspiration und seiner geistigen Kreativität und Produktivität, und sie war es, wie Freud bewußt war, weil sie kraft ihrer größeren Nähe zum Unbewußten an psychische Schichten rührt, welche dem rationalen Diskurs der Wissenschaft unzugänglich bleiben müssen. Wenn Thomas Mann einmal gesagt hat, Shakespeare sei «der größte Psychoanalytiker, der je gelebt hat»[368], und bedenkt man wiederum, mit welcher Inbrunst und Liebe Freud dem Werk Shakespeares seine Reverenz erweist und mit welcher Obsession er sich mit der These von Thomas Looney («‹Shakespeare› Identified», 1918) beschäftigte, derzufolge nicht der Schauspieler aus Stratford, sondern Edward de Vere, der 17. Graf von Oxford, Verfasser jenes Werkes war[369], dann schließt sich ein Kreis, in dessen Zentrum Psychoanalyse und Literatur stehen – oder vielleicht auch: Psychoanalyse als Literatur.

Wieviel Freud der Literatur verdankt und wie intim sein eigenes Denken und Schreiben mit ihr verknüpft sind, hat er immer bereitwillig bekundet. Als Vierzehnjähriger erhielt er einen Band der Werke Ludwig Börnes zum Geschenk, und er hing an diesem Buch so sehr, daß er es als einziges aus seiner Jugendzeit aufbewahrte. Einer

William Shakespeare (1564–1616). Porträt vom Titelblatt der ersten Folioausgabe von 1623. Stich von Martin Droeshout

der Börneschen Essays trägt den Titel «Die Kunst, in drei Tagen ein Originalschriftsteller zu werden». Darin heißt es: «Nehmt einige Bogen Papier und schreibt drei Tage hintereinander, ohne Falsch und Heuchelei, alles nieder, was euch durch den Kopf geht. Schreibt, was ihr denkt von euch selbst, von euren Weibern, von dem Türkenkrieg, von Goethe, von Fonks Kriminalprozeß, vom jüngsten Gericht, von euren Vorgesetzten – und nach Verlauf der drei Tage werdet ihr vor Verwunderung, was ihr für neue unerhörte Gedanken gehabt, ganz außer euch kommen. Das ist die Kunst, in drei Tagen ein Originalschriftsteller zu werden!» [370]

Ob der junge Freud diesen Ratschlag beherzigt und sich als «Originalschriftsteller» versucht hat, wissen wir nicht. Wir wissen aber, daß der Freud der Sturm- und Drangzeit der neunziger Jahre, während der er seine Selbstanalyse betrieb, diese Selbstreflexion wesentlich im Medium des Schreibens vollzog – die Fließ-Briefe sind Teil dieses Prozesses. Freuds Selbstanalyse war also primär eine «Schreibtherapie» (Patrick Mahony) [371], und was er später *freie Assoziation* nennen sollte, entdeckte er nicht zuletzt beim Schreiben. Börnes Anweisung, alles niederzuschreiben, was einem durch den Kopf geht, steht so am Beginn von Freuds Schöpfung. Als Freud im Jahr 1919 auf den Börne-Essay aufmerksam gemacht wurde, mußte er sich eingestehen, daß er den Einfluß des Schriftstellers auf seine Entdeckung nach Art einer Kryptomnesie ignoriert hatte. Diese Kryptomnesie hat Freud zweimal kommentiert, in einem Brief an Ferenczi und in einer anonym publizierten Kurznotiz. *Die Sache ist mir ungemein plausibel; ich habe Börne sehr früh zum Geschenk bekommen, vielleicht zum 13. Geburtstag, mit großem Eifer gelesen und von diesen kleinen Aufsätzen immer einige in starker Erinnerung gehabt. Natürlich nicht den kryptomnestischen. Als ich diesen wiederlas, war ich erstaunt, wie sehr manches, was darin steht, sich wie wörtlich mit manchem deckt, was ich immer vertreten und gedacht habe. Er dürfte also wirklich die Quelle meiner Originalität sein.* [372] Der zweite Kommentar lautet ganz ähnlich: *Es scheint uns […] nicht ausgeschlossen, daß dieser Hinweis vielleicht jenes Stück Kryptomnesie aufgedeckt hat, das in so vielen Fällen hinter einer anscheinenden Originalität vermutet werden darf.* [373]

Wenn Freud den Dichter Ludwig Börne als die Quelle seiner Originalität apostrophiert, so steht der Name Börnes gewissermaßen als einer für alle in einer Galerie von Dichternamen, deren Werke dasjenige von Freud nachhaltiger imprägniert haben, als man das bei einem wissenschaftlichen Werk gemeinhin vermutet. Das Freudsche Werk ist zu einem Gutteil tatsächlich Literatur, und dies zu konstatie-

Mit dem geliebten Chow-Chow Jofi in seinem Arbeitszimmer, um 1936

ren bedeutet nicht, ihm seinen wissenschaftlichen Charakter abzu-
sprechen. Denn die Eigenart von Freuds Entdeckung liegt darin,
einer Sache Sprache verliehen zu haben – und dies ging nicht anders
als in einer wissenschaftlichen Sprache –, die nur auf dem Umweg
über die Imagination zu erfahren ist. Wie ein erinnerter und erzählter
Traum ist auch Literatur eine Umschrift des Unbewußten, eine wie
immer nachträgliche Umbildung primärprozeßhafter Vorgänge in die
geordnete Sprache des Sekundärprozesses, aber das Primäre und das
Sekundäre bleiben miteinander verbunden, indem sie den Kontakt

nicht meiden, sondern suchen. Freud wußte, was er an der Literatur hatte, und er wußte, daß seine wissenschaftliche Phantasie ohne sie versiegen würde. Sein ohne Zweifel vorhandenes wissenschaftliches Über-Ich war nicht so dominant, daß es die drängenden Impulse seines literarischen Es zum Schweigen bringen konnte. Über *Das Unbehagen in der Kultur* sagte Freud: *Das eigentliche Thema des Buches [...] ist nicht erschöpfend behandelt, und darauf ist eine überschwierige, überkompensierende Untersuchung der analytischen Theorie des Schuldgefühls aufgebaut. Aber solche Kompositionen macht man nicht, sie machen sich selbst; und wenn man sich widersetzt, sie zu schreiben, weiß man nicht, wie es werden wird.*[374] Und im *Mann Moses* heißt es: *Die Schöpferkraft eines Autors folgt leider nicht immer seinem Willen; das Werk gerät, wie es kann, und stellt sich dem Verfasser oft wie unabhängig, ja wie fremd, gegenüber.*[375] Deutlicher kann nicht zum Ausdruck gebracht werden, welchen Abhängigkeiten das Freudsche Werk sich verdankt.

Aber seit Freud unter die Ärzte und psychologischen Therapeuten gefallen ist – und das ist praktisch seit den zwanziger Jahren der Fall –, seit die Psychoanalyse aus Gründen, die wir erörtert haben, zu einem Spezialzweig der Medizin geworden ist, hat sie sich von dieser Abhängigkeit weithin gelöst. Das Dilemma der Psychoanalyse nach Freud besteht darin, daß sie auf dem Weg, eine gesellschaftlich anerkannte Profession zu werden, ebendas verloren hat, dessen sie doch so dringend bedarf – jene literarische Imagination, von welcher das Freudsche Werk zehrt. In Lacans Devise «Zurück zu Freud» steckt das Eingeständnis des Verlusts. So gesehen war der literarischste aller Psychoanalytiker zugleich der erste und der letzte Psychoanalytiker – eine singuläre Erscheinung, ein Riese, auf dessen Schultern wir stehen, ohne doch weiter zu schauen als er.

Anmerkungen

Abkürzungsschlüssel für häufig zitierte Werke:

GW = Sigmund Freud: Gesammelte Werke. Bd. I–XVIII. Unter Mitwirkung von Marie Bonaparte hg. von Anna Freud, Edward Bibring, Willi Hoffer, Ernst Kris und Otto Isakower. London, Frankfurt a. M. 1940 ff.

Nachtr. = Sigmund Freud: Gesammelte Werke. Nachtragsband. Hg. von Angela Richards unter Mitwirkung von Ilse Grubrich-Simitis. Frankfurt a. M. 1987

B = Sigmund Freud: Briefe 1873–1939. Hg. von Ernst und Lucie Freud. Frankfurt a. M. 1980

F = Sigmund Freud: Briefe an Wilhelm Fließ 1887–1904. Hg. von Jeffrey Moussaieff Masson. Bearb. der deutschen Fassung von Michael Schröter. Frankfurt a. M. 1986

S = Sigmund Freud: Jugendbriefe an Eduard Silberstein. Hg. von Walter Boehlich. Frankfurt a. M. 1989

F/A = Sigmund Freud und Karl Abraham: Briefe 1907–1926. Hg. von Hilda C. Abraham und Ernst L. Freud. Frankfurt a. M. 1980

F/Fer = Sigmund Freud und Sándor Ferenczi: Briefwechsel. Hg. von Eva Brabant, Ernst Falzeder und Patrizia Giampieri-Deutsch unter der wissensch. Leitung von André Haynal. Wien, Köln, Weimar 1993 ff.

F/J = Sigmund Freud und C. G. Jung: Briefwechsel. Hg. von William McGuire und Wolfgang Sauerländer. Frankfurt a. M. 1974

F/P = Sigmund Freud und Oskar Pfister: Briefe 1909–1939. Hg. von Ernst L. Freud und Heinrich Meng, Frankfurt a. M. 1980

Gay = Peter Gay: Freud. Eine Biographie für unsere Zeit. Frankfurt a. M. 1989

Jones I–III = Ernest Jones: Das Leben und Werk von Sigmund Freud. Bd. I–III. Bern, Stuttgart, Wien 1960–1962

1 B, S. 408
2 Gay, S. 6
3 B, S. 462
4 Ob es Jacobs dritte oder doch nur seine zweite Ehe war, ist in der Freud-Forschung umstritten; vgl. Marianne Krüll: Freud und sein Vater. Die Entstehung der Psychoanalyse und Freuds ungelöste Vaterbindung. Frankfurt a. M. 1992, S. 151 f.; Max Schur: Sigmund Freud. Leben und Sterben. Frankfurt a. M. 1973, S. 32 ff.; Ronald W. Clark: Sigmund Freud, Frankfurt a. M. 1981, S. 17 f.; Gay, S. 4, S. 830

5 GW IV, S. 60
6 Drei Abhandlungen zur Sexualtheorie, GW V, S. 127, Der Familienroman der Neurotiker, GW VII, S. 227 ff.
7 Vgl. Jones I, S. 26 ff., Siegfried

Bernfeld und Suzanne Cassirer
Bernfeld: Bausteine der Freud-
Biographik. Frankfurt a. M. 1981,
S. 78 ff., Krüll, a. a. O., S. 159 ff.,
Clark, a. a. O., S. 14 f., zurückhaltend dagegen K. R. Eissler: Eine
biographische Skizze. In: Sigmund Freud. Sein Leben in Bildern und Texten. Hg. von Ernst
Freud, Lucie Freud und Ilse Grubrich-Simitis. Frankfurt a. M.
1976, S. 11
 8 GW II/III, S. 253
 9 F, S. 290
10 F, S. 292
11 Die Traumdeutung, GW II/III,
    S. 260
12 F, S. 289
13 Vgl. Herta E. Harsch: Freuds
    Identifizierung mit Männern, die
    zwei Mütter hatten: Ödipus, Leo-
    nardo da Vinci, Michelangelo und
    Moses. In: Psyche, 48, 1994,
    S. 124 ff.
14 Vgl. Die Traumdeutung, GW
    II/III, S. 264 ff.; Eine Kindheits-
    erinnerung des Leonardo da
    Vinci, GW VIII, S. 127 ff.; Der
    Moses des Michelangelo, GW X,
    S. 171 ff.; Der Mann Moses und
    die monotheistische Religion,
    GW XVI, S. 101 ff.
15 Vgl. Eissler, a. a. O., S. 30, Jones II,
    S. 479
16 Vgl. Krüll, a. a. O., S. 178,
    Harry T. Hardin: Das Schicksal
    von Freuds früher Mutterbe-
    ziehung. In: Psyche, 48, 1994,
    S. 97 ff.
17 Eine Kindheitserinnerung aus
    «Dichtung und Wahrheit», GW
    XII, S. 26
18 GW II/III, S. 404
19 Schur, a. a. O., S. 499
20 S, S. 23
21 Tagebuch 1929–1939. Kürzeste
    Chronik. Hg. und eingeleitet von
    Michael Molnar. Basel, Frankfurt
    a. M. 1996, S. 136

22 Die Frage der Laienanalyse, GW
    XIV, S. 241
23 B, S. 47
24 B, S. 439
25 William Shakespeare: König
    Lear, IV, 7
26 F, S. 212, S. 206
27 Die Traumdeutung, GW II/III,
    S. 203
28 Eissler, a. a. O., S. 12
29 Gay, S. 21
30 Krüll, a. a. O., S. 168, S. 191 f.
31 Drei Abhandlungen zur Sexual-
    theorie, GW V, S. 33
32 Krüll, a. a. O., S. 192
33 Brief an den Bürgermeister der
    Stadt Příbor, GW XIV, S. 561
34 B, S. 6
35 Vgl. oben, S. 10
36 S, S. 151
37 Vgl. Cornélius Heim: Eine «Prin-
    zipien»-Frage: Gisela Fluss und
    Ichthyosaura. Eine Marginalie zu
    Freuds Jugendbriefen. In: Psyche,
    48, 1994, S. 154 ff.
38 S, S. 82
39 Vgl. Yirmiyahu Yovel: Spinoza.
    Das Abenteuer der Immanenz.
    Göttingen 1994, S. 423 f.
40 GW XIV, S. 35
41 Nachwort zur «Frage der Laien-
    analyse», GW XIV, S. 290
42 Neue Folge der Vorlesungen zur
    Einführung in die Psychoanalyse,
    GW XV, S. 197
43 «Selbstdarstellung», GW XIV,
    S. 35
44 «Selbstdarstellung», GW XIV,
    S. 35
45 Brautbriefe. Briefe an Martha
    Bernays 1882–1886. Ausgewählt,
    hg. und mit einem Vorwort von
    Ernst L. Freud. Frankfurt a. M.
    1971, S. 124
46 Brautbriefe, a. a. O., S. 36 ff.
47 Entwurf einer Psychologie,
    Nachtr., S. 404
48 Brautbriefe, a. a. O., S. 123
49 Zit. nach Albrecht Hirschmüller:

«Einleitung», in: Schriften über Kokain. Hg. und eingeleitet von Albrecht Hirschmüller. Frankfurt a. M. 1996, S. 32

50 Brief an Fritz Wittels vom 18. 12. 1923, Nachtr., S. 756

51 Brief an Rudolf Brun vom 18. 3. 1936, zit. nach Hirschmüller, a. a. O., S. 36

52 Brief an Minna Bernays vom 29. 10. 1884, zit. nach Gay, S. 56

53 B, S. 137

54 Brautbriefe, a. a. O., S. 94

55 Brautbriefe, a. a. O., S. 111

56 B, S. 228

57 Charcot, GW I, S. 34

58 Brautbriefe, a. a. O., S. 136

59 «Selbstdarstellung», GW XIV, S. 41

60 Ilse Grubrich-Simitis: Urbuch der Psychoanalyse. Hundert Jahre «Studien über Hysterie» von Josef Breuer und Sigmund Freud. Beiheft zum Reprint der «Studien über Hysterie», Frankfurt a. M. 1995

61 Studien über Hysterie, GW I, S. 85f.

62 «Selbstdarstellung», GW XIV, S. 48f.

63 F, S. 185

64 Zit. nach Grubrich-Simitis, a. a. O., S. 27

65 Die Traumdeutung, GW II / III, S. 487

66 Zur Geschichte der psychoanalytischen Bewegung, GW X, S. 60

67 F, S. 66

68 René Laforgue: Personal Memories of Freud, zit. nach Gay, S. 75

69 F, S. 288, S. 291 u. ö.

70 Studien über Hysterie, Nachtr., S. 229

71 Michael Schröter: Die harte Arbeit des kreativen Prozesses. Erfahrungen mit Norbert Elias. In: Karl-Siegbert Rehberg (Hg.): Norbert Elias und die Menschenwissenschaften. Studien zur Entstehung und Wirkungsgeschichte seines Werkes, Frankfurt a. M. 1996, S. 100

72 F, S. 230f.

73 Studien über Hysterie, GW I, S. 227

74 F, S. 129

75 Zuerst F, S. 181; zur Definition vgl. Das Unbewußte, GW X, S. 281

76 Zur Geschichte der psychoanalytischen Bewegung, GW X, S. 60f.

77 Vorlesungen zur Einführung in die Psychoanalyse, GW XI, S. 104

78 Zit. nach Gay, S. 109

79 F, S. 193

80 F, S. 283f.

81 F, S. 293

82 Denis Diderot: Erzählungen und Gespräche. Bremen 1984, S. 321

83 GW V, S. 91

84 F, S. 458. Mit dem «Hier» ist das Schloß Bellevue gemeint, das damals an Sommergäste vermietet wurde. An diesem Ort gelang es Freud erstmals, einen Traum vollständig zu deuten; vgl. Sigmund Freud. Sein Leben in Bildern und Texten, a. a. O., S. 158f.

85 Zur Ätiologie der Hysterie, GW I, S. 439

86 Brief an L. Darmstaeder vom 3. 7. 1910, zit. nach Gay, S. 153

87 GW II / III, S. VII

88 GW II / III, S. 105

89 GW II / III, S. 545ff.

90 GW II / III, S. 149f.

91 GW II / III, S. 140

92 GW II / III, S. 607

93 GW II / III, S. 555ff.

94 GW II / III, S. 691

95 GW II / III, S. 554

96 GW II / III, S. 684

97 GW XV, S. 169

98 William Shakespeare: Der Sturm, IV, 1

99 Die Traumdeutung, GW II / III, S. 613

100 GW IV, S. 256

101 GW IV, S. 268

102 Jacques Lacan: Encore. Das Se-
minar von Jacques Lacan. Buch
XX. Weinheim, Berlin 1986,
S. 20, S. 62
103 F, S. 493
104 Zit. nach Gordon A. Craig:
Über Fontane. München 1997,
S. 39
105 Ludwig Binswanger: Erinnerungen an Sigmund Freud (1956),
zit. nach Gay, S. 205
106 Brief an Karl Abraham vom 14.
3. 1911, zit. nach Gay, S. 205
107 Zur Geschichte der psychoanalytischen Bewegung, GW X, S. 64
108 Die Frage der Laienanalyse,
GW XIV, S. 207 ff.
109 Protokolle der Wiener Psychoanalytischen Vereinigung, Bd.
I–IV. Hg. von Herman Nunberg
und Ernst Federn. Frankfurt
a. M. 1976 ff., hier Bd. II, S. 355
110 Vgl. Edward Timms: Karl
Kraus. Satiriker der Apoka-
lypse. Wien 1995, S. 141 ff.; vgl.
auch Edward Timms (Hg.):
Freud und das Kindweib. Die
Memoiren von Fritz Wittels.
Wien 1996, S. 97 ff.
111 Brief an Karl Abraham vom
14. 6. 1912, zit. nach Gay, S. 276
112 Sigmund Freud und Lou Andreas-Salomé: Briefwechsel.
Hg. von Ernst Pfeiffer. Frankfurt
a. M. 1980, S. 124 u. ö.
113 Drei Abhandlungen zur Sexualtheorie, GW V, S. 31
114 GW V, S. 82
115 Die psychogene Sehstörung in
psychoanalytischer Auffassung,
GW VIII, S. 97 f.
116 Drei Abhandlungen zur Sexualtheorie, GW V, S. 75
117 Über Psychoanalyse, GW VIII,
S. 45
118 Drei Abhandlungen zur Sexualtheorie, GW V, S. 67
119 Drei Abhandlungen zur Sexualtheorie, GW V, S. 63
120 Jenseits des Lustprinzips, GW
XIII, S. 35
121 GW V, S. 67
122 Psychoanalytische Bemerkungen über einen autobiographisch
beschriebenen Fall von Paranoia
(Dementia Paranoides), GW
VIII, S. 311
123 GW V, S. 40
124 GW V, S. 44
125 Bruchstück einer Hysterie-Analyse, GW V, S. 210
126 Vgl. K. R. Eissler: Das Ende
einer Illusion. Sigmund Freud
und sein 20. Jahrhundert. In:
Psyche, 49, 1995, S. 1197·
127 GW VI, S. 195
128 GW VI, S. 205
129 Zit. nach Jones II, S. 136
130 Zur Geschichte der psychoanalytischen Bewegung, GW X, S. 70
131 «Selbstdarstellung», GW XIV,
S. 78
132 F/J, S. 338
133 F/Fer I/1, S. 235
134 F/Fer I/1, S. 229
135 Drei Abhandlungen zur Sexualtheorie, GW V, S. 128
136 F/P, S. 47
137 Protokolle der Wiener Psychoanalytischen Vereinigung, Bd.
III, a. a. O., S. 272
138 F/J, S. 191
139 Sigmund Freud und Ludwig
Binswanger: Briefwechsel 1908
bis 1938. Hg. von Gerhard Fichtner. Frankfurt a. M. 1992, S. 95
140 F/J, S. 186
141 Vgl. Michael Schröter: Freuds
Komitee 1912–1914. Ein Beitrag
zum Verständnis psychoanalytischer Gruppenbildung. In: Psyche, 49, 1995, S. 513 ff.
142 The Complete Correspondence
of Sigmund Freud and Ernest
Jones 1908–1939. Hg. von
R. Andrew Paskauskas. Cambridge, London 1993, S. 148;
im Original englisch

143 The Complete Correspondence of Sigmund Freud and Ernest Jones, a. a. O., S. 149; im Original englisch
144 Gay, S. 249
145 F/Fer I/2, S. 297, S. 308, S. 312
146 GW V, S. 91
147 Zur Einführung des Narzißmus, GW X, S. 143
148 GW X, S. 154 f.
149 GW X, S. 143
150 Über Psychoanalyse, GW VIII, S. 54 ff.; Zur Dynamik der Übertragung, GW VIII, S. 363 ff. u. ö.
151 Zur Dynamik der Übertragung, GW VIII, S. 364
152 Zur Dynamik der Übertragung, GW VIII, S. 365
153 Über Psychoanalyse, GW VIII, S. 55
154 Die zukünftigen Chancen der psychoanalytischen Therapie, GW VIII, S. 108; vgl. F/Fer I/1, S. 312
155 Psychoanalytische Bemerkungen über einen autobiographisch beschriebenen Fall von Paranoia (Dementia Paranoides), GW VIII, S. 240
156 Bruchstück einer Hysterie-Analyse, GW V, S. 240
157 F/Fer, I/1, S. 342
158 Gay, S. 352
159 Nachwort zur «Frage der Laienanalyse», GW XIV, S. 295
160 Kurzer Abriß der Psychoanalyse, GW XIII, S. 419
161 Nachwort zur «Frage der Laienanalyse», GW XIV, S. 295
162 Nachwort zur «Frage der Laienanalyse», GW XIV, S. 289
163 Nachwort zur «Frage der Laienanalyse», GW XIV, S. 283
164 F/J, S. 375
165 Der Wahn und die Träume in W. Jensens «Gradiva», GW VII, S. 123
166 «Selbstdarstellung», GW XIV, S. 91
167 Der Dichter und das Phantasieren, GW VII, S. 216
168 Der Dichter und das Phantasieren, GW VII, S. 223
169 Freud und Andreas-Salomé: Briefwechsel, a. a. O., S. 100
170 «Selbstdarstellung», GW XIV, S. 96
171 Octave Mannoni: Sigmund Freud in Selbstzeugnissen und Bilddokumenten, Reinbek 1971, S. 99
172 Der Moses des Michelangelo, GW X, S. 198
173 Die «kulturelle» Sexualmoral und die moderne Nervosität, GW VII, S. 166 f.
174 GW IX, S. 172 f.
175 GW IX, S. 194
176 GW IX, S. 173
177 Das Unbehagen in der Kultur, GW XIV, S. 488
178 Clark, a. a. O., S. 322 f.
179 Freud und Andreas-Salomé: Briefwechsel, a. a. O., S. 22
180 Zeitgemäßes über Krieg und Tod, GW X, S. 336, Die Widerstände gegen die Psychoanalyse, GW XIV, S. 106
181 GW X, S. 335
182 GW X, S. 338
183 GW X, S. 324 ff.
184 GW X, S. 331
185 Max Horkheimer und Theodor W. Adorno: Dialektik der Aufklärung. Philosophische Fragmente. Amsterdam 1947, S. 71
186 Vorlesungen zur Einführung in die Psychoanalyse, GW XI, S. 204
187 Zeitgemäßes über Krieg und Tod, GW X, S. 354, S. 350
188 F/Fer II/1, S. 86
189 F, S. 181, S. 228, S. 329
190 Das Unbewußte, GW X, S. 281
191 Metapsychologische Ergänzung zur Traumlehre, GW X, S. 412
192 F, S. 228
193 F/Fer II/1, S. 124; vgl. auch

Freud und Andreas-Salomé:
Briefwechsel, a. a. O., S. 35
194 Übersicht der Übertragungsneurosen. Ein bisher unbekanntes
Manuskript. Hg. und mit einem
Essay von Ilse Grubrich-Simitis.
Frankfurt a. M. 1985
195 GW XI, S. 295
196 GW XII, S. 9
197 F/Fer II/2, S. 142
198 F/A, S. 257
199 Tagebuch 1929–1939, a. a. O.,
S. 30
200 Tagebuch 1929–1939, a. a. O.,
S. 37
201 Vgl. Ilse Grubrich-Simitis. Zurück zu Freuds Texten. Stumme
Dokumente sprechen machen.
Frankfurt a. M. 1993, S. 31 ff.
202 GW II/III, S. 178
203 Dr. Anton v. Freund, GW XIII,
S. 435 f.
204 Gutachten über elektrische Behandlung der Kriegsneurotiker.
In: Psyche, 26, 1972, S. 947
205 Gutachten über elektrische Behandlung der Kriegsneurotiker,
a. a. O., S. 943
206 Brief an István Hollós vom 4.
10. 1928, zit. nach Max Schur:
Das Es und die Regulationsprin-
zipien des psychischen Geschehens, Frankfurt a. M. 1984, S. 10
207 Neue Folge der Vorlesungen zur
Einführung in die Psychoanalyse, GW XV, S. 86
208 GW XIII, S. 23
209 GW XIII, S. 57
210 GW XIII, S. 36
211 Das Unbehagen in der Kultur,
GW XIV, S. 481
212 Das Unbehagen in der Kultur,
GW XIV, S. 482 f.
213 Jenseits des Lustprinzips, GW
XIII, S. 53
214 Jenseits des Lustprinzips, GW
XIII, S. 59
215 Das Unbehagen in der Kultur,
GW XIV, S. 479

216 GW XIII, S. 69; vgl. auch F,
S. 150
217 GW XIII, S. 73
218 GW XIII, S. 100
219 GW XIII, S. 101 ff.
220 GW XIII, S. 115 ff.
221 GW XIII, S. 110
222 GW XIII, S. 125
223 Nachschrift 1935 zur «Selbstdarstellung», GW XVI, S. 32
224 Das Ich und das Es, GW XIII,
S. 286 f.
225 Das Ich und das Es, GW XIII,
S. 258
226 Das Ich und das Es, GW XIII,
S. 286
227 Sándor Ferenczi †, GW XVI,
S. 269
228 Freud und Andreas-Salomé:
Briefwechsel, a. a. O., S. 222
229 B, S. 475
230 B, S. 439
231 Vgl. Robert Minder: Marxismus
und Psychoanalyse bei Alfred
Döblin. In: Die Entdeckung
deutscher Mentalität. Essays.
Leipzig 1992, S. 267 ff.
232 Die Frage der Laienanalyse,
GW XIV, S. 209
233 GW XIV, S. 96
234 Die Frage der Laienanalyse,
GW XIV, S. 267
235 Die Frage der Laienanalyse,
GW XIV, S. 283
236 Karl Marx: Zur Kritik der Hegelschen Rechtsphilosophie. In:
Karl Marx und Friedrich Engels:
Werke. Bd. 1. Berlin 1970, S. 378
237 GW XIV, S. 354
238 GW XIV, S. 373
239 GW XIV, S. 378
240 GW XIV, S. 377
241 S, S. 75
242 B, S. 380
243 F/P, S. 64
244 GW XVI, S. 103
245 GW XVI, S. 114
246 GW XVI, S. 115
247 GW XVI, S. 148 f.

248 GW XIII, S. 40.
249 Das Unbehagen in der Kultur, GW XIV, S. 451
250 Brief an Max Eitingon vom 8. 7. 1929, zit. nach Gay, S. 611. Es gibt auch noch andere Titelvarianten, die Freud für sein Buch ins Auge faßte, vgl. Grubrich-Simitis: Zurück zu Freuds Texten, a.a.O., S. 198, S. 214
251 GW XIV, S. 434
252 GW XIV, S. 506
253 Warum Krieg?, GW XVI, S. 26f.
254 Brautbriefe, a.a.O., S. 37; vgl. auch Der Moses des Michelangelo, GW X, S. 175
255 Die Zukunft einer Illusion, GW XIV, S. 330
256 Warum Krieg?, GW XVI, S. 23
257 Die Zukunft einer Illusion, GW XIV, S. 371
258 Zit. nach Jones III, S. 218
259 Zit. nach Theodor Reik: Dreißig Jahre mit Sigmund Freud. München 1976, S. 27
260 GW XV, S. 86
261 Tagebuch 1929–1939, a.a.O., S. 58
262 Tagebuch 1929–1939, a.a.O., S. 62
263 B, S. 459
264 Schur: Sigmund Freud. Leben und Sterben, a.a.O., S. 483
265 F/P, S. 33
266 Zur Einleitung der Behandlung, GW VIII, S. 467
267 Mannoni, a.a.O., S. 18
268 Mannoni, a.a.O., S. 18
269 Ratschläge für den Arzt bei der psychoanalytischen Behandlung, GW VIII, S. 377
270 GW X, S. 125ff.
271 Aus der Geschichte einer infantilen Neurose, GW XII, S. 140
272 GW II/III, S. 357
273 GW II/III, S. 360
274 Vorlesungen zur Einführung in die Psychoanalyse, GW XI, S. 152

275 Vgl. Nicholas Rand und Maria Torok: Fragen an die Freudsche Psychoanalyse: Traumdeutung, Realität, Fantasie. In: Psyche, 50, 1996, S. 289ff.
276 Vgl. Protokolle der Wiener Psychoanalytischen Vereinigung, Bd. I, a.a.O., S. 338, Zur Geschichte der psychoanalytischen Bewegung, GW X, S. 53, «Selbstdarstellung», GW XIV, S. 86; umfassend zu Freuds Beziehung zu Nietzsche vgl. Reinhard Gasser: Nietzsche und Freud. Berlin, New York 1997. Gasser entkräftet den Vorwurf, Freud habe Nietzsches Werk im Original gekannt, Gedanken daraus aufgenommen, aber deren Urheberschaft unterschlagen.
277 Vgl. Stephanie Kiceluk: Der Patient als Zeichen und als Erzählung: Krankheitsbilder, Lebensgeschichten und die erste psychoanalytische Fallgeschichte. In: Psyche, 47, 1993, S. 815ff., bes. S. 852
278 Jenseits des Lustprinzips, GW XIII, S. 16
279 Studien über Hysterie, GW I, S. 227
280 Steven Marcus: Freud und Dora. Roman, Geschichte, Krankengeschichte. In: Psyche, 28, 1974, S. 32ff.
281 Some Elementary Lessons in Psycho-Analysis, G. W. XVII, S. 143
282 Abriß der Psychoanalyse, GW XVII, S. 125f.
283 Zur Einführung des Narzißmus, GW X, S. 144
284 Die endliche und die unendliche Analyse, GW XVI, S. 99
285 Jürgen Habermas: Erkenntnis und Interesse. Frankfurt a. M. 1968, S. 300ff.
286 Paul Ricœur: Die Interpretation.

Ein Versuch über Freud. Frankfurt a. M. 1969

287 Brief an Viktor von Weizsäcker vom 16. 10. 1932, zit. nach Viktor von Weizsäcker: Natur und Geist. München 1955, S. 125

288 Das Interesse an der Psychoanalyse, GW VIII, S. 410; vgl. dazu Ilse Grubrich-Simitis: Metapsychologie und Metabiologie, in: Übersicht der Übertragungsneurosen, a. a. O., S. 85 ff., bes. S. 109 ff.

289 GW XVI, S. 207

290 GW XVI, S. 208

291 Zwei Briefe über Spinoza, Nachtr., S. 670 ff. In einem Brief vom 28. 6. 1931 an Lothar Bickel heißt es: «Meine Abhängigkeit von den Lehren Spinozas gestehe ich bereitwilligst zu.» Zit. nach Teresa Brennan: Jenseits der Hybris. Bausteine einer neuen Ökonomie. Frankfurt a. M. 1997, S. 203

292 Der Witz und seine Beziehung zum Unbewußten, GW VI, S. 83; Die Zukunft einer Illusion, GW XIV, S. 374

293 In der Ausgabe der «Encyclopaedia Britannica» von 1962 kann man sogar lesen, Spinoza habe die Psychoanalyse vorweggenommen.

294 Vgl. Yovel, a. a. O., S. 421 ff., S. 537

295 Triebe und Triebschicksale, GW X, S. 214

296 Michael Schröter: Zur Frühgeschichte der Laienanalyse. Strukturen eines Kernkonflikts der Freud-Schule. In: Psyche, 50, 1996, S. 1127 ff.; das folgende verdankt sich wesentlich dieser Arbeit.

297 Neue Folge der Vorlesungen zur Einführung in die Psychoanalyse, GW XV, S. 163

298 F, S. 286

299 Kurzer Abriß der Psychoanalyse, GW XIII, S. 422

300 Neue Folge der Vorlesungen zur Einführung in die Psychoanalyse, GW XV, S. 6

301 Kurzer Abriß der Psychoanalyse, GW XIII, S. 422

302 F/A, S. 122

303 GW V, S. 164

304 F, S. 495

305 F/A, S. 52

306 F/Fer I/1, S. 53

307 F/J, S. 524

308 Nachwort zur «Frage der Laienanalyse», GW XIV, S. 293

309 F/J, S. 640

310 Nachwort zur «Frage der Laienanalyse», GW XIV, S. 295

311 Nachwort zur «Frage der Laienanalyse», GW XIV, S. 289

312 «Selbstdarstellung», GW XIV, S. 34

313 The Complete Correspondence of Sigmund Freud and Ernest Jones, Suppl., a. a. O., S. 89

314 Nachwort zur «Frage der Laienanalyse», GW XIV, S. 290 f.

315 Vgl. Alexander Mitscherlich und Fred Mielke: Medizin ohne Menschlichkeit. Dokumente des Nürnberger Ärzteprozesses. Frankfurt a. M. 1978; Robert Jay Lifton: Ärzte im Dritten Reich. Stuttgart 1988

316 Die Frage der Laienanalyse, GW XIV, S. 261

317 Vgl. Soll die Psychoanalyse an den Universitäten gelehrt werden?, Nachtr., S. 699 ff.

318 Schröter: Zur Frühgeschichte der Laienanalyse, a. a. O., S. 1170

319 Jacques Lacan: Funktion und Feld des Sprechens und der Sprache in der Psychoanalyse. In: Schriften, Bd. 1, Olten 1973, S. 110

320 GW II/III, S. X

321 Über die weibliche Sexualität, GW XIV, S. 519

322 Peter Gay: Freud entziffern. Essays. Frankfurt a. M. 1992, S. 65 ff.

323 Totem und Tabu, GW IX, S. 136

324 F, S. 159

325 Ingrid Spörk: Der psychoanalysierte Leib: Phantasien zur Geschlechterdifferenz. In: Elisabeth List und Erwin Fiala (Hg.): Leib Maschine Bild. Körperdiskurse der Moderne und Postmoderne. Wien 1997, S. 52

326 Studien über Hysterie, GW I, S. 312

327 Neue Folge der Vorlesungen zur Einführung in die Psychoanalyse, GW XV, S. 126

328 Drei Abhandlungen zur Sexualtheorie, GW V, S. 96

329 Einige psychische Folgen des anatomischen Geschlechtsunterschieds, GW XIV, S. 29

330 Neue Folge der Vorlesungen zur Einführung in die Psychoanalyse, GW XV, S. 138

331 Der Untergang des Ödipuskomplexes, GW XIII, S. 400

332 Neue Folge der Vorlesungen zur Einführung in die Psychoanalyse, GW XV, S. 133; vgl. auch Der Untergang des Ödipuskomplexes, GW XIII, S. 400

333 Christa Rohde-Dachser: Expedition in den dunklen Kontinent. Weiblichkeit im Diskurs der Psychoanalyse. Berlin, Heidelberg, New York 1991, S. 58

334 GW XV, S. 138 f.

335 GW XV, S. 144

336 Einige psychische Folgen des anatomischen Geschlechtsunterschieds, GW XIV, S. 29 f.

337 Neue Folge der Vorlesungen zur Einführung in die Psychoanalyse, GW XV, S. 123

338 Karen Horney: Flucht aus der Weiblichkeit. Der Männlichkeitskomplex der Frau im Spiegel männlicher und weiblicher Betrachtung. In: Die Psychologie der Frau. Frankfurt a. M. 1984, S. 26 ff.

339 Ernest Jones: Über die Frühstadien der weiblichen Sexualentwicklung, zit. nach Margarete Mitscherlich und Christa Rohde-Dachser (Hg.): Psychoanalytische Diskurse über die Weiblichkeit von Freud bis heute. Stuttgart 1996, S. 11

340 Paradigmatisch Juliet Mitchell: Psychoanalyse und Feminismus. Freud, Reich, Laing und die Frauenbewegung. Frankfurt a. M. 1976; Renate Schlesier: Konstruktionen der Weiblichkeit bei Sigmund Freud. Zum Problem von Entmythologisierung und Remythologisierung in der psychoanalytischen Theorie. Frankfurt a. M. 1981; Rohde-Dachser, a. a. O., Zenia Odes Fliegel: «Die Entwicklung der Frau in der psychoanalytischen Theorie: Sechs Jahrzehnte Kontroversen», in: Judith Alpert (Hg.): Psychoanalyse der Frau jenseits von Freud. Berlin, Heidelberg, New York 1992, S. 11 ff.; Mitscherlich und Rohde-Dachser, a. a. O.

341 Spörk, a. a. O., S. 53

342 Vgl. Klaus Hödl: Die Pathologisierung des jüdischen Körpers. Antisemitismus, Geschlecht und Medizin im Fin de Siècle. Wien 1997

343 Vgl. Sander L. Gilman: Freud, Identität und Geschlecht. Frankfurt a. M. 1994, S. 47

344 Die Verneinung, GW XIV, S. 15

345 Beiträge zur Psychologie des Liebeslebens III: Das Tabu der Virginität, GW XII, S. 169, vgl. auch Massenpsychologie und Ich-Analyse, GW XIII, S. 111, Das Unbehagen in der Kultur, GW XIV, S. 474, wo vom «Narzißmus der kleinen Differenzen» die Rede ist.

346 Vgl. Eissler: Eine biographische Skizze, a.a.O., S. 30f., Gay, S. 562ff.; Ulli Olvedi: Frauen um Freud. Die Pionierinnen der Psychoanalyse. Freiburg, Basel, Wien 1992; Lisa Appignanesi und John Forrester: Die Frauen Sigmund Freuds. München, Leipzig 1994

347 Das Unbehagen in der Kultur, GW XIV, S. 469

348 GW XIV, S. 469f.

349 GW XIV, S. 471

350 Dieter Reifarth und Viktoria Schmidt-Linsenhoff: Die Kamera der Täter. In: Hannes Heer und Klaus Naumann (Hg.): Vernichtungskrieg. Verbrechen der Wehrmacht 1941–1944. Frankfurt a.M. 1996, S. 486f.

351 Vorlesungen zur Einführung in die Psychoanalyse, GW XI, S. 104

352 Vgl. Stefan Breuer: Anatomie der Konservativen Revolution. Darmstadt 1993; Kurt Lenk, Günter Meuter und Enrique R. Otten: Vordenker der Neuen Rechten. Frankfurt a.M., New York 1997

353 Peter Gay: Kult der Gewalt. Aggression im bürgerlichen Zeitalter. München 1996

354 Die Frage der Laienanalyse, GW XIV, S. 285

355 Das Unbehagen in der Kultur, GW XIV, S. 447

356 Das Unbehagen in der Kultur, GW XIV, S. 449

357 Kurzer Abriß der Psychoanalyse, GW XIII, S. 424. In Thomas Manns «Felix Krull» (Frankfurt a.M. 1967, S. 161) kehrt diese Formulierung fast wörtlich wieder als «verständige Entsagung».

358 Vgl. Wolfgang Sofsky: Traktat über die Gewalt. Frankfurt a.M. 1996

359 Theodor W. Adorno: Brief an Max Horkheimer vom 10.1. 1945. In: Max Horkheimer: Gesammelte Schriften. Bd. 17. Hg. von Gunzelin Schmid Noerr, Frankfurt a.M. 1996, S. 615

360 Zur männlichen Metaphorik des Eindämmens und Trockenlegens von Gewässern und Sümpfen vgl. Klaus Theweleit: Männerphantasien. Bd. 1. Frankfurt a.M. 1977

361 Totem und Tabu, GW IX, S. 178

362 Das Unbehagen in der Kultur, GW XIV, S. 430

363 Das Ich und das Es, GW XIII, S. 259

364 Jean Laplanche: Die unvollendete kopernikanische Revolution in der Psychoanalyse. Frankfurt a.M. 1996, S. 35

365 Gay, S. 300

366 Harold Bloom: Der Bruch der Gefäße. Basel, Frankfurt a.M. 1995, S. 62

367 Sigmund Freud und Arnold Zweig: Briefwechsel. Hg. von Ernst L. Freud. Frankfurt a.M. 1968, S. 102

368 Thomas Mann: Interview mit ‹Svenska Dagbladet› vom 4.8. 1953. Zit. nach Alan Posener: William Shakespeare. Reinbek 1995, S. 143

369 Vgl. «Selbstdarstellung», GW XIV, S. 96

370 Zit. nach Zur Vorgeschichte der analytischen Technik, GW XII, S. 311f.

371 Patrick J. Mahony: Der Schriftsteller Sigmund Freud. Frankfurt a.M. 1989, S. 193

372 F/Fer II/2, S. 225

373 Zur Vorgeschichte der analytischen Technik, GW XII, S. 312

374 Zit. nach Richard F. Sterba: Erinnerungen eines Wiener Psychoanalytikers. Frankfurt a.M. 1985, S. 116

375 GW XVI, S. 211

Zeittafel

1856	Am 6. Mai wird Sigismund Schlomo Freud als Sohn des einundvierzigjährigen Kallamon Jacob Freud und seiner einundzwanzigjährigen Frau Amalia, geb. Nathanson, im mährischen Freiberg (heute Příbor) geboren. Der Verbindung entstammen sieben weitere Kinder. Sigmunds Halbbrüder Emanuel und Philipp aus Jacobs erster Ehe sind etwa gleichaltrig mit Amalia.
1860	Aufgrund wirtschaftlicher Schwierigkeiten zieht die Familie erst nach Leipzig, kurz darauf nach Wien um, wo Freud bis 1938 lebt.
1865	Ein Jahr früher als üblich kommt Freud aufs Gymnasium.
1871	Jugendfreundschaft mit Eduard Silberstein, die bis in die frühen achtziger Jahre andauert. Nur aus Freuds Briefen an diesen Freund, 1989 erstmals veröffentlicht, wissen wir etwas über Silberstein; seine weitere Lebensspur hat sich fast vollständig verloren.
1873	Schulabschluß mit Auszeichnung. Zunächst will Freud, unter dem Einfluß des späteren Politikers Heinrich Braun, Jura studieren, um dereinst selber in die Politik zu gehen. Nach der Bekanntschaft mit der fälschlich Goethe zugeschriebenen Schrift «Die Natur» entscheidet er sich dann aber für das Studium der Medizin. Freud hat erste Berührungen mit dem zeitgenössischen Antisemitismus und beschließt ohne Bedauern, der *Volksgemeinschaft* fernzubleiben: Sein Platz sei *in der Opposition*.
1876	Zwei Studienreisen nach Triest, wo er an der Zoologischen Station forscht. Anschließend Eintritt ins physiologische Laboratorium von Ernst Brücke, an dem er mit kurzen Unterbrechungen bis 1882 bleibt. Brücke wird Freuds großes Vorbild und wird es zeitlebens bleiben.
1878	Beginn der Freundschaft mit Josef Breuer.
1879/80	Ableistung des einjährigen Militärdienstes. Freud übersetzt einige Stücke aus dem Werk John Stuart Mills.
1881	Abschluß des Medizinstudiums mit der Promotion.
1882	Freud lernt Martha Bernays (1861–1951) kennen, verliebt sich in sie und verlobt sich kurz darauf mit ihr. Ohne Aussicht auf einen raschen Aufstieg in Brückes Physiologischem Institut und unter ständigem finanziellen Druck entschließt sich Freud auf den Rat seiner akademischen Lehrer, die geplante Karriere als Wissenschaftler aufzugeben und sich auf die Eröffnung einer Privatpraxis vorzubereiten. Im November erfährt er zum ersten Mal vom Fall der «Anna O.» (Bertha Pappenheim), die Breuer seit 1880 in Behandlung hat.

1883	Beginn seiner Tätigkeit am Wiener Allgemeinen Krankenhaus (bis Sommer 1885), zunächst bei dem Internisten Hermann Nothnagel, dann bei dem bekannten Hirnanatomen und Psychiater Theodor Meynert.
1884	Freud erforscht die Wirkungen des Kokains und experimentiert mit dem Toxikum nicht nur an sich selbst, sondern auch an seinem Freund und Kollegen Ernst Fleischl v. Marxow, den er von seiner Morphiumsucht befreien will. Zu spät erkennt Freud, das Fleischl nun auch kokainabhängig ist. Zwischen 1884 und 1887 publiziert Freud insgesamt fünf Arbeiten über Kokain, muß indessen die Enttäuschung erleben, daß ihm Carl Koller mit der Entdeckung der lokalanästhesistischen Wirkung des Kokains am Auge zuvorkommt und damit wissenschaftlichen Ruhm erntet.
1885	Freud berichtet seiner Braut von einer privaten Zerstörungsaktion: *Ich habe alle meine Aufzeichnungen seit vierzehn Jahren und Briefe, wissenschaftliche Exzerpte und Manuskripte meiner Arbeit vernichtet. [...] Die Biographen aber sollen sich plagen, wir wollen's ihnen nicht zu leicht machen. Jeder soll mit seinen Ansichten über die «Entwicklung des Helden» recht behalten, ich freue mich schon, wie die sich irren werden* (Brief vom 28. April). Er bewirbt sich um eine Dozentur für Neuropathologie an der Universität Wien. Seine Habilitation wird von Brücke, Meynert und Nothnagel befürwortet. Im September bestätigt das Ministerium Freuds Ernennung zum Privatdozenten. Kurz darauf bricht er zu einer Studienreise nach Paris auf, um an der Salpêtrière bei Jean-Martin Charcot zu lernen. Bei dem bewunderten Charcot erhält er Anschauungsunterricht über hysterische Fälle und die Auswirkungen von Hypnose und Suggestion.
1886	Zurück in Wien, kündigt Freud seine Stellung am Allgemeinen Krankenhaus, um eine Privatpraxis aufzumachen, die er Ostern eröffnet. Nebenher arbeitet er als Neurologe am Kinder-Krankeninstitut von Max Kassowitz. Im September können er und Martha endlich heiraten.
1887	Geburt der Tochter Mathilde. Erster Brief an den Berliner HNO-Arzt Wilhelm Fließ. Neben der Elektrotherapie setzt Freud bei seinen Patienten zunehmend die Hypnose ein.
1889	Geburt des Sohnes Jean-Martin. Reise nach Nancy, wo er Hippolyte Bernheim aufsucht, dessen umfassende Hypnosetechnik ihn interessiert.
1891	Geburt des Sohnes Oliver. Bezug der Wohnung in der Berggasse 19, in der die Familie Freud bis zum 5. Juni 1938 wohnt und in der Freud auch ordiniert. Seit Mitte der neunziger Jahre lebt auch die unverheiratete Minna Bernays, Freuds Schwägerin, in dem Haus. Veröffentlichung von *Zur Auffassung der Aphasien*.
1892	Geburt des Sohnes Ernst. Zusammenarbeit mit Breuer.
1893	Geburt der Tochter Sophie. Gemeinsam mit Breuer Veröffentlichung der *Vorläufigen Mitteilung*, die zwei Jahre später als einleitendes Kapitel zu den *Studien über Hysterie* nachgedruckt wird. Erste Formulierung der sexuellen Traumatheorie. Tod Charcots, auf den er einen Nachruf schreibt.

1894	Publikation über die Abwehr-Neuropsychosen.

1894   Publikation über die Abwehr-Neuropsychosen.

1895   Geburt der Tochter Anna. *Studien über Hysterie*, die den Höhepunkt und zugleich das Ende der engen Zusammenarbeit mit Breuer bedeuten. Analyse des psychoanalytischen Initialtraums von *Irmas Injektion*; *Die Traumdeutung* kommt auf den Weg. Intensivierung der Beziehung zu Fließ, dem er den *Entwurf einer Psychologie* schickt.

1896   Vortrag über die sexuelle Ätiologie der Hysterie, der beim Auditorium auf weitgehende Ablehnung stößt. Freud setzt nun ganz auf seine Verführungstheorie. Im Oktober stirbt Jacob Freud.

1897   Freud registriert bei sich den *Sturz aller Werte*. Er beginnt zunehmend an der Validität seiner Verführungstheorie zu zweifeln. Er entdeckt den Ödipuskomplex und die Macht von Phantasien (Brief an Fließ vom 15. Oktober).

1899   Erscheinen der *Traumdeutung*, auf deren Titelblatt die Jahreszahl 1900 angegeben ist. Abkühlung der Freundschaft mit Fließ.

1900   Beginn der Analyse von *Dora*. Freud zeigt sich über die wissenschaftlichen und publizistischen Reaktionen auf sein Traumbuch enttäuscht.

1901   *Über den Traum, Zur Psychopathologie des Alltagslebens*. Erste Rom-Reise.

1902   Ernennung zum außerordentlichen Titular-Professor. Freud versammelt die ersten Schüler um sich: Alfred Adler, Max Kahane, Rudolf Reitler und Wilhelm Stekel, denen wenig später Hugo Heller, Paul Federn, Max Graf und Eduard Hitschmann folgen. Die Psychologische Mittwoch-Gesellschaft wird 1908 in Wiener Psychoanalytische Vereinigung umbenannt.

1904   Reise nach Athen. Kontakt zu dem Schweizer Psychiater Eugen Bleuler. Ende der Beziehung zu Fließ.

1905   *Der Witz und seine Beziehung zum Unbewußten, Drei Abhandlungen zur Sexualtheorie, Bruchstück einer Hysterie-Analyse*.

1906   Otto Rank wird bezahlter Sekretär und Schriftführer der Mittwoch-Gesellschaft. Beginn des Briefwechsels mit Carl Gustav Jung, der Freud im März des folgenden Jahres in Wien aufsucht.

1907   Freud lernt Karl Abraham und Max Eitingon kennen, die seitdem zu seinen besten und zuverlässigsten Mitstreitern zählen. Anfang der Freundschaft mit Ludwig Binswanger. Veröffentlichung von *Der Wahn und die Träume in W. Jensens «Gradiva»*.

1908   Beginn des Briefwechsels und der Zusammenarbeit mit Sándor Ferenczi, der neben Rank einer von Freuds engsten Vertrauten wird. Auf dem psychoanalytischen Kongreß in Salzburg, auf dem Freud über den *Rattenmann* referiert, kommt es zur ersten Begegnung mit Ernest Jones. *Die «kulturelle» Sexualmoral und die moderne Nervosität, Über infantile Sexualtheorien, Charakter und Analerotik*.

1909   Freud reist in Begleitung von Ferenczi und Jung nach Amerika, wo er an der Clark University eine Reihe von Vorträgen hält. Die Freudsche Psychoanalyse beginnt international zu werden. *Analyse der Phobie eines fünfjährigen Knaben, Bemerkungen über einen Fall von Zwangsneurose*.

1910   Psychoanalytischer Kongreß in Nürnberg und Gründung der Internationalen Psychoanalytischen Vereinigung (IPV), zu deren Präsident Freuds Favorit und Lieblingsschüler Jung gewählt wird. *Über Psychoanalyse, Eine Kindheitserinnerung des Leonardo da Vinci.*

1911   Aufgrund wachsender theoretischer Differenzen verläßt Adler die Vereinigung. Kongreß der Freudianer in Weimar, an dem die Schriftstellerin Lou Andreas-Salomé teilnimmt, die fortan zum Freundeskreis um Freud gehört. *Die zukünftigen Chancen der psychoanalytischen Therapie, Formulierungen über die zwei Prinzipien des psychischen Geschehens, Psychoanalytische Bemerkungen über einen autobiographisch beschriebenen Fall von Paranoia (Dementia Paranoides).*

1912   Erste Irritationen und Spannungen im Verhältnis von Freud und Jung. Im Sommer entwickeln Freud, Ferenczi und Jones den Plan zur Gründung eines *geheimen Komitees*, das faktisch die Aufgabe hat, Jung zu entmachten und selbst als informelles Leitungsgremium der psychoanalytischen Bewegung zu fungieren. Neben den drei Genannten gehören dem Komitee nach dem Willen Freuds Abraham, Rank und Sachs an, später kommt noch Eitingon hinzu. Es soll *strictly secret* arbeiten (Brief an Jones vom 1. August). *Ratschläge für den Arzt bei der psychoanalytischen Behandlung, Zur Dynamik der Übertragung.*

1912/13   *Totem und Tabu.* Offener Austrag des Konflikts mit Jung, es kommt zum Bruch. Psychoanalytischer Kongreß in München. *Zur Einleitung der Behandlung.*

1914   Jung tritt als Präsident der IPV zurück. Freud veröffentlicht seine Abrechnung mit ihm und Adler: *Zur Geschichte der psychoanalytischen Bewegung. Zur Einführung des Narzißmus, Der Moses des Michelangelo.* Ausbruch des Ersten Weltkrieges, der Freud zunächst als k.u.k. Patrioten sieht: *Ich fühle mich aber zum ersten Mal seit 30 Jahren als Österreicher* (Brief an Abraham vom 26. Juli). Freuds Söhne Martin und Ernst melden sich freiwillig zur Armee, während Oliver bis 1915 vom Militärdienst zurückgestellt, später aber ebenfalls als kriegstauglich befunden wird. Die anhaltende Sorge um seine Söhne und der Rückgang der Patientenzahl, von den desaströsen Auswirkungen des Krieges auf die Psychoanalyse insgesamt zu schweigen, sorgen dafür, daß Freuds anfängliche Kriegsbegeisterung sich zunehmend abkühlt.

1915   *Zeitgemäßes über Krieg und Tod.* Von den geplanten zwölf metapsychologischen Abhandlungen erscheinen drei: *Triebe und Triebschicksale, Die Verdrängung* und *Das Unbewußte.*

1916   *Trauer und Melancholie.*

1916/17   *Vorlesungen zur Einführung in die Psychoanalyse, Eine Schwierigkeit der Psychoanalyse, Eine Kindheitserinnerung aus «Dichtung und Wahrheit».*

1918   Psychoanalytischer Kongreß in Budapest, auf dem es um die Behandlung der Kriegsneurosen geht. Die Freudsche Psychoanalyse verzeichnet erste Erfolge in psychiatrischen Kreisen. Kriegsende, das Freud und seine Familie in ziemlich desolater Verfassung erleben. Tod von James J. Putnam, des Präsidenten der amerikanischen Psychoanalytiker. *Aus der Geschichte einer infantilen Neurose.*

1919	Selbstmord des Freud-Schülers Victor Tausk. *Wege der psychoanalytischen Therapie*, «*Ein Kind wird geschlagen*». *Beitrag zur Kenntnis der Entstehung sexueller Perversionen, Das Unheimliche.*
1920	Im Januar stirbt Anton von Freund, ein ehemaliger Patient Freuds und finanzieller Förderer des psychoanalytischen Unternehmens. Kurz darauf Tod von Sophie Halberstadt, Freuds zweiter Tochter, seiner *teuren, blühenden Sophie* (Brief an Amalia Freud vom 26. Januar): *Der Verlust eines Kindes scheint eine schwere narzißtische Kränkung; was Trauer ist, wird wohl erst nachkommen* (Brief an Pfister vom 27. Januar). Freud und Martha sollten diesen Verlust nie verschmerzen. Im soeben gegründeten Internationalen Psychoanalytischen Verlag erscheint *Jenseits des Lustprinzips*. Eröffnung des Berliner Psychoanalytischen Instituts, das wesentlich von Eitingon finanziert wird. Damit verschiebt sich das Zentrum der Psychoanalyse von Wien nach Berlin (mit Abraham, Eitingon, Sachs und Simmel als Koryphäen).
1921	*Massenpsychologie und Ich-Analyse.*
1923	Entdeckung eines Gaumenkrebses bei Freud. Erste Operation. Im Sommer stirbt sein Lieblingsenkel Heinele, der vierjährige Sohn von Sophie. Freud ist untröstlich. *Das Ich und das Es, Eine Teufelsneurose im siebzehnten Jahrhundert.*
1924	Anna beendet ihre langjährige Analyse bei ihrem Vater. Auch aufgrund ihrer wissenschaftlichen Arbeit ist sie längst anerkanntes Mitglied der Wiener Psychoanalytischen Vereinigung. *Du bist etwas anders ausgefallen als Mathilde und Sophie, hast mehr geistige Interessen und wirst Dich wahrscheinlich mit rein weiblichen Tätigkeiten nicht so bald zufrieden geben* (Brief an Anna vom 22. Juli 1914). Anna wird mehr und mehr die unersetzliche Stütze ihres Vaters. Erscheinen der ersten Bände der *Gesammelten Schriften*; der zwölfte und letzte Band erscheint 1934. *Der Realitätsverlust bei Neurose und Psychose, Das ökonomische Problem des Masochismus, Der Untergang des Ödipuskomplexes, Kurzer Abriß der Psychoanalyse.*
1925	Konflikt mit Rank, der schließlich zum Bruch führt. Tod von Josef Breuer und Karl Abraham. Beginn der engen Freundschaft mit Marie Bonaparte. Der Kampf um die Laienanalyse nimmt immer schärfere Formen an; vor allem die Amerikaner lehnen sich gegen die Nicht-Ärzte in der Psychoanalyse auf und finden darin auch von Jones Unterstützung. *Notiz über den «Wunderblock», Die Verneinung, «Selbstdarstellung».*
1926	*Hemmung, Symptom und Angst, Die Frage der Laienanalyse, Psycho-Analysis.*
1927	*Fetischismus, Die Zukunft einer Illusion.* Letztere Schrift behandelt *meine durchaus ablehnende Einstellung zur Religion – in jeder Form und Verdünnung* (Brief an Pfister vom 16. Oktober).
1928	*Der Humor, Dostojewski und die Vatertötung.*
1930	Freud wird mit dem Goethe-Preis der Stadt Frankfurt am Main ausgezeichnet, den Anna an seiner Stelle in Empfang nimmt. *Ich bin durch öffentliche Ehrungen nicht verwöhnt worden und habe mich darum so eingerichtet, daß ich solche entbehren konnte. Ich mag aber*

nicht bestreiten, daß mich die Verleihung des Goethe-Preises der Stadt Frankfurt sehr erfreut hat. Es ist etwas an ihm, was die Phantasie besonders erwärmt [...]. (Brief an Alfons Paquet vom 26. Juli). Tod von Amalia Freud. *Das Unbehagen in der Kultur.*

1931   *Über libidinöse Typen, Über die weibliche Sexualität.*

1932   Briefwechsel mit Albert Einstein über das Thema *Warum Krieg?*.

1933   Am 30. Januar Ernennung Adolf Hitlers zum deutschen Reichskanzler. Im Mai Verbrennung der Bücher Freuds und anderer jüdischer und linker Autoren durch die Nationalsozialisten. Tod von Sándor Ferenczi: *Es ist nicht glaublich, daß die Geschichte unserer Wissenschaft seiner vergessen wird* (Nachruf auf Ferenczi). *Neue Folge der Vorlesungen zur Einführung in die Psychoanalyse.*

1936   Freuds achtzigster Geburtstag. Thomas Mann hält in Wien in privatem Kreis den Festvortrag. Der Internationale Psychoanalytische Verlag in Leipzig wird von der Gestapo liquidiert.

1937   *Die endliche und die unendliche Analyse, Konstruktionen in der Analyse.*

1938   Im März «Anschluß» Österreichs an Nazideutschland. Hausdurchsuchung in der Berggasse 19. Anna wird von der Gestapo verhört. Der amerikanische Präsident Roosevelt und der italienische Diktator Mussolini, dem Freud 1933 ein Widmungsexemplar von *Warum Krieg?* zum Geschenk gemacht hatte (dem *Kulturhelden*), intervenieren zugunsten Freuds. Im Juni Ausreise der Familie Freud über Paris nach London.

1939   Gründung der Imago Publishing Company. *Der Mann Moses und die monotheistische Religion.* Am 23. September stirbt Freud in seinem Haus 20 Maresfield Gardens, drei Wochen nach Beginn des Zweiten Weltkriegs.

1940   *Abriß der Psychoanalyse.* Erscheinen der ersten Bände der *Gesammelten Werke*; bis 1952 erscheinen insgesamt 17 Bände.

1942   Vier alte Schwestern Freuds, die in Wien hatten zurückbleiben müssen, kommen im Vernichtungslager Auschwitz um.

1950   *Aus den Anfängen der Psychoanalyse.*

1951   Tod von Martha Freud.

1953   Erscheinen des ersten Bandes der dreibändigen Freud-Biographie von Ernest Jones (der dritte Band erscheint 1957). Beginn der englischen Freud-Ausgabe: *The Standard Edition of the Complete Psychological Works of Sigmund Freud* in 24 Bänden, herausgegeben von James Strachey.

1960   Der Verleger Gottfried Bermann Fischer erwirbt die Gesamtrechte an Freuds Werk. Fortan erscheint das Freudsche Œuvre im Frankfurter S. Fischer Verlag.

1967   «Thomas Woodrow Wilson» (von William Bullitt und mit einer Einleitung von Freud).

1969   Beginn der von Alexander Mitscherlich, Angela Richards und James Strachey herausgegebenen *Studienausgabe* (zehn Bände plus Ergänzungsband).

1982   Tod von Anna Freud.

1987   Freud-Biographie von Peter Gay.

Zeugnisse

Thomas Mann
Freuds Werk, dies persönlichkeitsgeborene und weltverändernde Werk eines tiefen Vorstoßes ins Menschliche von der Seite der Krankheit her, ist heute schon eingegangen ins Leben und in unser aller Bewußtsein, und ich sagte gewiß nicht zuviel, als ich es […] einen der wichtigsten Bausteine nannte, die beigetragen worden sind zum Fundament der Zukunft, der Wohnung einer freieren und wissenden Menschheit.

Ritter zwischen Tod und Teufel, 1931

Theodor W. Adorno
An der Psychoanalyse ist nichts wahr als ihre Übertreibungen.

Minima Moralia, 1951

Max Horkheimer
Er [Freud] neigte in seiner Spätzeit dazu, das seelische Wesen des Menschen gegenüber den Bedingungen seiner Existenz zu verabsolutieren. Das von ihm positiv vertretene «Realitätsprinzip» kann dazu verleiten, die Anpassung an den blinden gesellschaftlichen Druck entsagend zu sanktionieren und schließlich den Fortbestand des Druckes zu rechtfertigen. Freilich macht diese Intention nur eine Seite der Freudischen Gedanken aus. Sie ist nicht zu trennen von der anderen, seiner todernsten Erfahrung der Last, unter der die Menschheit sich dahinschleppt – jener Erfahrung, die der Freudischen Lehre ihre unversöhnliche Tiefe und Substantialität verleiht.

Vorrede (zu «Freud in der Gegenwart»), 1957

Eric Voegelin
Denn gerade in dieser Zeit ohne greifbaren Charakter hat Deutschland vier Figuren von Weltrang hervorgebracht: Karl Marx (1818–1883), Friedrich Nietzsche (1844–1900), Sigmund Freud (1856–1939) und Max Weber (1864–1920). Vier Figuren von Weltrang – das ist nicht gerade wenig. Und es wäre seltsam, wenn aus einer Gesellschaft innerhalb von fünfzig Jahren vier Männer von überragender Statur hervorgingen, ohne daß ihr Auftreten der Ausdruck einer sinnhaft charakterisierbaren Situation wäre. […] Vor allem sind sie einig darüber, daß der Mensch und sein Handeln aus der Perspektive der Macht, des Kampfes und des Trieblebens zu verstehen sind. […] Die vier Denker werden darum zu Sprachschöpfern und propagieren ein neues Reich der Ausdrücke, das mit ökumenischem Erfolg die Sprache der Philosophie verdrängt: Marx den Klassen-

kampf, Nietzsche den Willen zur Macht, Freud die Libido, Max Weber die Zweckrationalität des Handelns als die Ananke der Politik und Geschichte. [...] Ihnen allen ist das Bemühen gemeinsam, die Werte als Masken für Interessen, Kampf und Triebleben zu enthüllen. [...] Ihnen allen ist gemeinsam die Abneigung – man darf sagen: der Haß – gegen den Bürger in seinen Spielarten vom Finanz- und Industriebürger bis zum kleinen Spießbürger, sowie gegen die bürgerlich-verklemmte Eigentums- und Sexualmoral. Und diesem Haß wieder korrespondiert ein Aristokratismus der Haltung, der sich gegen die geistige und intellektuelle, und damit sittliche Verrottung der Zeit auflehnt.

Die Größe Max Webers, 1964

Harold Bloom
[...] gegenwärtig hält Freud die Rolle des Geistes usurpiert, so daß wir mehr als vierzig Jahre nach seinem Tod kein gängiges Vokabular für die Erörterung von Geisteswerken haben, außer dem, das er uns gegeben hat [...] unsere literarische Kultur spricht zu uns in der Sprache Freuds, selbst wenn sich Schriftsteller wie Nabokov oder Borges heftig gegen Freud stellen. Karl Kraus, ein Zeitgenosse Freuds, sagte, die Psychoanalyse wäre selbst die Krankheit, die sie zu heilen vorgäbe. Wir kommen später, und wir müssen sagen, die Psychoanalyse ist selbst die Kultur, die sie zu beschreiben vorgibt. Wenn Psychoanalyse und unsere literarische Kultur nicht mehr unterschieden werden können, dann ist Kritik freudianisch, ob sie es sein will oder nicht. [...] Wir sind Freuds Texte geworden, und die *Imitatio Freudi* ist zwangsläufig das Muster für das geistige Leben unserer Zeit.

Der Bruch der Gefäße, 1982

Peter Gay
Wir alle «sprechen» Freud, ob korrekt oder nicht. Er ist und bleibt unvermeidlich, als ein überragender Gestalter des modernen Geistes, eine so allgegenwärtige und umstrittene Autorität, wie es Plato im klassischen Altertum gewesen ist.

Freud. Eine Biographie für unsere Zeit, 1987

Karel van het Reve
Ein bemerkenswerter Unterschied zwischen Freud und Conan Doyle liegt darin, daß Conan Doyle seine Geschichten als Fiktion publizierte und daß selbst *innerhalb* dieser Fiktion Sherlock Holmes [...] soviel Redlichkeit für sich in Anspruch nimmt, zuzugeben, daß seine Deduktionen «die Bilanz der Wahrscheinlichkeit» seien, womit er zu verstehen gibt, daß auch andere Schlüsse aus diesen Beobachtungen möglich sind. Freud hingegen tut gerade so, als ob alles tatsächlich so geschehen sei wie behauptet, und läßt darüber hinaus keine andere Erklärung als die seine zu.

Dr. Freud und Sherlock Holmes, 1987

Lydia Flem
In zwei oder drei Jahrhunderten, wenn es die psychoanalytische Kur schon seit langem nicht mehr geben wird, wird auf den Regalen der Bibliotheken neben den Namen von Shakespeare, Dante, Sophokles, Goethe, Proust, Borges, Pérec oder Celan zweifellos auch der von Sigmund Freud stehen bleiben.

Der Mann Freud, 1992

Auswahlbibliographie

Mit letzter Sicherheit kann nicht gesagt werden, daß die Werke Sigmund Freuds vollständig vorliegen, wenn dieses Buch erscheint. Wie die Vergangenheit lehrt, ist es nicht ausgeschlossen, daß immer wieder unverhofft Stücke aus Freuds Feder auftauchen. Dies trifft mehr noch auf die Freudsche Korrespondenz zu, deren komplette Erschließung und Publikation noch längst nicht zum Abschluß gekommen sind. Für die Edition der Werke wie der Briefe Freuds in seiner Muttersprache gilt leider gleichermaßen, daß die Situation im ganzen eher unbefriedigend ist – man muß mit dem auskommen, was man hat, und das ist nicht immer das Beste.

Die Literatur über Freud ist so unüberschaubar groß, daß im folgenden lediglich eine Auswahl zur ersten Orientierung geboten wird.

1. Sigmund Freud: Werke und Briefe

Werke

Gesammelte Werke. Bd. I–XVIII. Unter Mitwirkung von Marie Bonaparte hg. von Anna Freud, Edward Bibring, Willi Hoffer, Ernst Kris und Otto Isakower. London, Frankfurt a. M. 1940 ff.

Gesammelte Werke. Nachtragsband. Hg. von Angela Richards unter Mitwirkung von Ilse Grubrich-Simitis. Frankfurt a. M. 1987

Studienausgabe. Bd. 1–10 und Ergänzungsband. Hg. von Alexander Mitscherlich, Angela Richards und James Strachey; Ergänzungsband hg. von Alexander Mitscherlich, Angela Richards, James Strachey und Ilse Grubrich-Simitis. Frankfurt a. M. 1969 ff.

The Standard Edition of the Complete Psychological Works of Sigmund Freud. Bd. 1–24. Hg. von James Strachey in Zusammenarbeit mit Anna Freud, Alix Strachey und Alan Tyson, Mitarbeit von Angela Richards. London 1953 ff.

Zur Auffassung der Aphasien. Eine kritische Studie. Hg. von Paul Vogel, bearb. von Ingeborg Meyer-Palmedo, eingeleitet von Wolfgang Leuschner, Frankfurt a. M. 1992

Schriften über Kokain. Hg. und eingeleitet von Albrecht Hirschmüller. Frankfurt a. M. 1996

[mit Josef Breuer:] Studien über Hysterie. Reprint der Erstausgabe von 1895. Frankfurt a. M. 1995

Hilfsmittel

Freud-Bibliographie mit Werkkonkordanz. Bearbeitet von Ingeborg Meyer-Palmedo und Gerhard Fichtner. Frankfurt a. M. 1989

Briefe, Briefwechsel und Tagebücher

Briefe 1873–1939. Hg. von Ernst und Lucie Freud. Frankfurt a. M. 1980
Briefe an Edward L. Bernays. In: Edward L. Bernays: Biographie einer Idee. Die Hohe Schule der PR. Lebenserinnerungen. Düsseldorf, Wien 1967
Brautbriefe. Briefe an Martha Bernays aus den Jahren 1882–1886. Ausgewählt, hg. und mit einem Vorwort von Ernst L. Freud. Frankfurt a. M. 1971
Briefe an Wilhelm Fließ 1887–1904. Hg. von Jeffrey Moussaieff Masson, Bearbeitung der deutschen Fassung von Michael Schröter. Frankfurt a. M. 1986
Sieben Briefe und zwei Postkarten an Emil Fluß. In: Sigmund Freud: «Selbstdarstellung». Schriften zur Geschichte der Psychoanalyse. Hg. und eingeleitet von Ilse Grubrich-Simitis. Frankfurt a. M. 1971
Briefe an Georg Groddeck. In: Georg Groddeck: Der Mensch und sein Es. Hg. von Margaretha Honegger. Wiesbaden 1970
Briefe und Postkarten an Smith Ely Jelliffe. In: J. C. Burnham: Jelliffe: American Psychoanalyst and Physician. Hg. von William McGuire. Chicago, London 1983
Vier Briefe an Thomas Mann. In: Thomas Mann: Briefwechsel mit Autoren. Hg. von Hans Wysling. Frankfurt a. M. 1988
Briefe an James Jackson Putnam. In: James Jackson Putnam and Psychoanalysis. Letters between Putnam and Sigmund Freud, Ernest Jones, William James, Sándor Ferenczi, and Morton Prince, 1877–1917. Hg. von N. G. Hale jun. Cambridge 1971
Jugendbriefe an Eduard Silberstein 1871–1881. Hg. von Walter Boehlich. Frankfurt a. M. 1989
Briefe an Stefan Zweig. In: Stefan Zweig: Briefwechsel mit Hermann Bahr, Sigmund Freud, Rainer Maria Rilke und Arthur Schnitzler. Hg. von J. B. Berlin, H.-U. Lindken und D. A. Prater. Frankfurt a. M. 1987
Sigmund Freud und Karl Abraham: Briefe 1907–1926. Hg. von Hilda C. Abraham und Ernst L. Freud. Frankfurt a. M. 1980
Sigmund Freud und Lou Andreas-Salomé: Briefwechsel. Hg. von Ernst Pfeiffer. Frankfurt a. M. 1980
Sigmund Freud und Ludwig Binswanger: Briefwechsel 1908–1938. Hg. von Gerhard Fichtner. Frankfurt a. M. 1992
Sigmund Freud und Sándor Ferenczi: Briefwechsel. Hg. von Eva Brabant, Ernst Falzeder und Patrizia Giampieri-Deutsch unter der wissenschaftlichen Leitung von André Haynal. Wien, Köln, Weimar 1993 ff.
Sigmund Freud und Georg Groddeck: Briefe über das Es. Hg. von Margaretha Honegger. München 1974
The Complete Correspondence of Sigmund Freud and Ernest Jones 1908–1939. Hg. von R. Andrew Paskauskas. Cambridge, London 1993
Sigmund Freud und C. G. Jung: Briefwechsel. Hg. von William McGuire und Wolfgang Sauerländer. Frankfurt a. M. 1974

Sigmund Freud und Oskar Pfister: Briefe 1909–1939. Hg. von Ernst L. Freud und Heinrich Meng. Frankfurt a. M. 1980

Sigmund Freud und Edoardo Weiss: Briefe zur psychoanalytischen Praxis. Hg. von Martin Grotjahn. Frankfurt a. M. 1973

Sigmund Freud und Arnold Zweig: Briefwechsel. Hg. von Ernst L. Freud. Frankfurt a. M. 1969

Tagebuch 1929–1939. Kürzeste Chronik. Hg. und eingeleitet von Michael Molnar. Basel, Frankfurt a. M. 1996

2. Gesamtdarstellungen

Einführende und Überblicksdarstellungen

Flem, Lydia: Der Mann Freud. Frankfurt a. M., New York 1993

Köhler, Thomas: Das Werk Sigmund Freuds. Bd. 1. Eschborn 1987

–: Das Werk Sigmund Freuds. Bd. 2. Heidelberg 1993

–: Freuds Psychoanalyse. Eine Einführung. Stuttgart, Berlin, Köln 1995

Lohmann, Hans-Martin: Freud zur Einführung. Hamburg 1991

Schöpf, Alfred: Sigmund Freud. München 1982

Biographie

Bernfeld, Siegfried, und Suzanne Cassirer Bernfeld: Bausteine der Freud-Biographik. Eingeleitet, hg. und übersetzt von Ilse Grubrich-Simitis. Frankfurt a. M. 1981

Clark, Ronald W.: Sigmund Freud. Frankfurt a. M. 1981

Eissler, K. R.: Eine biographische Skizze. In: Sigmund Freud. Sein Leben in Bildern und Texten. Hg. von Ernst Freud, Lucie Freud und Ilse Grubrich-Simitis. Frankfurt a. M. 1976

Gay, Peter: Freud. Eine Biographie für unsere Zeit. Frankfurt a. M. 1989

Jones, Ernest: Das Leben und Werk von Sigmund Freud. 3 Bde. Bern, Stuttgart, Wien 1978

Schur, Max: Sigmund Freud. Leben und Sterben. Frankfurt a. M. 1973

Wittels, Fritz: Sigmund Freud. Der Mann, die Lehre, die Schule. Leipzig, Wien, Zürich 1924

3. Einzelaspekte zu Leben und Werk

Alpert, Judith (Hg.): Psychoanalyse der Frau jenseits von Freud. Berlin, Heidelberg, New York 1992

Anzieu, Didier: Freuds Selbstanalyse und die Entdeckung der Psychoanalyse. 2 Bde. München, Wien 1990

Appignanesi, Lisa, und John Forrester: Die Frauen Sigmund Freuds. München, Leipzig 1994

Blanton, Smiley: Tagebuch meiner Analyse bei Sigmund Freud. Frankfurt a. M., Berlin, Wien 1975

Brückner, Peter: Sigmund Freuds Privatlektüre. Köln 1975

Doolittle, Hilda: Huldigung an Freud. Rückblick auf eine Analyse. Frankfurt a. M., Berlin, Wien 1975

Eissler, K. R.: Medical Orthodoxy and the Future of Psychoanalysis. New York 1965

–: Todestrieb, Ambivalenz, Narzißmus. München 1980

–: Psychologische Aspekte des Briefwechsels zwischen Freud und Jung. Stuttgart 1982

Ellenberger, Henry F.: Die Entdeckung des Unbewußten. Bern, Stuttgart, Wien 1973

Gasser, Reinhard: Nietzsche und Freud. Berlin, New York 1997

Gay, Peter: «Ein gottloser Jude». Sigmund Freuds Atheismus und die Entwicklung der Psychoanalyse. Frankfurt a. M. 1988

–: Freud entziffern. Essays. Frankfurt a. M. 1992

–: Freud für Historiker. Tübingen 1994

Gilman, Sander L.: Freud, Identität und Geschlecht. Frankfurt a. M. 1994

Gödde, Günter: Freud, Schopenhauer und die Entdeckung der «Verdrängung». In: Psyche, 52, 1998

Grubrich-Simitis, Ilse: Freuds Moses-Studie als Tagtraum. Weinheim 1991

–: Zurück zu Freuds Texten. Stumme Dokumente sprechen machen. Frankfurt a. M. 1993

Handlbauer, Bernhard: Die Adler-Freud-Kontroverse. Frankfurt a. M. 1990

Harmat, Paul: Freud, Ferenczi und die ungarische Psychoanalyse. Tübingen 1988

Harsch, Wolfgang: Die psychoanalytische Geldtheorie. Frankfurt a. M. 1995

Heim, Robert: Der symbolische Vater als Revenant. Die Geburt der Psychoanalyse aus dem Geiste des Vaters. In: Psyche, 51, 1997, S. 1023–1050

Hirschmüller, Albrecht: Freuds Begegnung mit der Psychiatrie. Von der Hirnmythologie zur Neurosenlehre. Tübingen 1991

Irion, Ulrich: Eros und Thanatos in der Moderne. Nietzsche und Freud als Vollender eines antichristlichen Grundzugs im europäischen Denken. Würzburg 1992

Kardiner, Abram: Meine Analyse bei Freud. München 1979

Kiceluk, Stephanie: Der Patient als Zeichen und als Erzählung. Krankheitsbilder, Lebensgeschichten und die erste psychoanalytische Fallgeschichte. In: Psyche, 47, 1993, S. 815–854

King, Vera: Die Urszene der Psychoanalyse. Adoleszenz und Geschlechterspannung im Fall Dora. Stuttgart 1995

Krüll, Marianne: Freud und sein Vater. Die Entstehung der Psychoanalyse und Freuds ungelöste Vaterbindung. Frankfurt a. M. 1992

Lütkehaus, Ludger (Hg.): «Dieses wahre innere Afrika». Texte zur Entdeckung des Unbewußten vor Freud. Frankfurt a. M. 1989

Mahony, Patrick J.: Der Schriftsteller Sigmund Freud. Frankfurt a. M. 1989

Mann, Thomas: Freud und die Psychoanalyse. Reden, Briefe, Notizen, Betrachtungen. Hg. von Bernd Urban. Frankfurt a. M. 1991

Masson, Jeffrey Moussaieff: Was hat man dir, du armes Kind, getan? Sigmund Freuds Unterdrückung der Verführungstheorie. Reinbek bei Hamburg 1984

May-Tolzmann, Ulrike: Freuds frühe klinische Theorie (1894–1896). Wiederentdeckung und Rekonstruktion. Tübingen 1996

Nitzschke, Bernd: Wir und der Tod. Essays über Sigmund Freuds Leben und Werk. Göttingen, Zürich 1996

Protokolle der Wiener Psychoanalytischen Vereinigung. 4 Bde. Hg. von Herman Nunberg und Ernst Federn. Frankfurt a. M. 1976 ff.

Reichmayr, Johannes: Spurensuche in der Geschichte der Psychoanalyse. Frankfurt a. M. 1994

Reik, Theodor: Dreißig Jahre mit Sigmund Freud. München 1976

Robert, Marthe: Sigmund Freud – zwischen Moses und Ödipus. Die jüdischen Wurzeln der Psychoanalyse. München 1975

Rohde-Dachser, Christa: Expedition in den dunklen Kontinent. Weiblichkeit im Diskurs der Psychoanalyse. Berlin, Heidelberg, New York 1991

Sachs, Hanns: Freud. Meister und Freund. Frankfurt a. M., Berlin, Wien 1982

Schlesier, Renate: Konstruktionen der Weiblichkeit bei Sigmund Freud. Zum Problem von Entmythologisierung und Remythologisierung in der psychoanalytischen Theorie. Frankfurt a. M. 1981

Schmidt, Alfred, und Bernard Görlich: Philosophie nach Freud. Das Vermächtnis eines geistigen Naturforschers. Lüneburg 1995

Schmidt-Hellerau, Cordelia: Lebenstrieb & Todestrieb, Libido & Lethe. Ein formalisiertes konsistentes Modell der psychoanalytischen Trieb- und Strukturtheorie. Stuttgart 1995

Schönau, Walter: Sigmund Freuds Prosa. Literarische Elemente seines Stils. Stuttgart 1968

Schorske, Carl E.: Wien. Geist und Gesellschaft im Fin de siècle. Frankfurt a. M. 1982

Schröter, Michael: Freuds Komitee 1912–1914. Ein Beitrag zum Verständnis psychoanalytischer Gruppenbildung. In: Psyche, 49, 1995, S. 513–563

–: Zur Frühgeschichte der Laienanalyse. Strukturen eines Kernkonflikts der Freud-Schule. In: Psyche, 50, 1996, S. 1127–1175

Sulloway, Frank J.: Freud, Biologe der Seele. Jenseits der psychoanalytischen Legende. Köln 1982

Tögel, Christfried: Berggasse – Pompeji und zurück. Sigmund Freuds Reisen in die Vergangenheit. Tübingen 1989

Vogt, Rolf: Psychoanalyse zwischen Mythos und Aufklärung oder Das Rätsel der Sphinx. Frankfurt a. M., New York 1986

Waibl, Elmar: Gesellschaft und Kultur bei Hobbes und Freud. Wien 1980

Wittenberger, Gerhard: Das «Geheime Komitee» Sigmund Freuds. Institutionalisierungsprozesse in der Psychoanalytischen Bewegung zwischen 1912 und 1927. Tübingen 1995

Worbs, Michael: Nervenkunst. Literatur und Psychoanalyse im Wien der Jahrhundertwende. Frankfurt a. M. 1983

Yerushalmi, Yosef Hayim: Freuds Moses. Endliches und unendliches Judentum. Berlin 1992

Zentner, Marcel: Die Flucht ins Vergessen. Die Anfänge der Psychoanalyse Freuds bei Schopenhauer. Darmstadt 1995

Zweig, Arnold: Freundschaft mit Freud. Ein Bericht. Berlin 1996

Namenregister

Die kursiv gesetzten Zahlen bezeichnen die Abbildungen

Danksagung

Es gibt Bücher, denen die vorliegende Monographie mehr verdankt, als aus dem Anmerkungsapparat und dem Literaturverzeichnis ersichtlich wird, und mehr, als der Autor – kryptomnestisch verblendet – im einzelnen vielleicht weiß. Dazu zählen die Werke von K. R. Eissler, dem ich mich selbst im Widerspruch zutiefst verpflichtet fühle, Peter Gay, dessen Freud-Biographie nicht nur literarische Maßstäbe gesetzt hat, Ilse Grubrich-Simitis, deren Freud-editorische Leidenschaft ich bewundere, Margarete Mitscherlich, die mich zuerst auf Freuds defizitäre Weiblichkeitstheorie gestoßen hat, und Michael Schröter, dessen bahnbrechende Forschungen zur Geschichte der Psychoanalyse mir mehr als ein Licht aufgesteckt haben. Ilse Grubrich-Simitis und Michael Schröter haben darüber hinaus mit ihren großzügigen Ratschlägen dafür gesorgt, daß ich eine Reihe grober Fehler vermeiden konnte. Meinen akademischen Lehrern Rudolf Heinz und Frank Rotter möchte ich dafür danken, daß sie, die Liebhaber der Musik (für die Freud kein Organ hatte), mich frühzeitig auf die Untiefen der Ichpsychologie aufmerksam gemacht haben.

Und es gibt Menschen, die, auch wenn sie keine Bücher über Freud geschrieben haben, mir in je unterschiedlicher Weise geholfen haben, mein Bild von Freud zu vervollständigen. Dazu gehören Helga Haase, Jochen Hörisch, Mechthild Zeul und, last but not least, meine Frau Gabriele Lohmann, die erste Leserin des Manuskripts. Meine Tochter Polly hat mich mit ihrer Heiterkeit, Zärtlichkeit und Verspieltheit Freud so manches Mal einfach vergessen lassen.

Das Buch widme ich dem Andenken Alexander Mitscherlichs (1908–1982), des Arztes, der das Menschliche an seinem Tun nicht verraten hat, sowie meinem Vater, dem Pfarrer Klaus Lohmann, dem es in einem schwierigen Moment seines Lebens gelang, öffentlich ein Wort für die verfolgte deutsche Judenheit einzulegen und die Konsequenz auf sich zu nehmen.

Über den Autor

Hans-Martin Lohmann, geboren 1944 in Bergneustadt im Oberbergischen, aufgewachsen in Düsseldorf und Bad Godesberg, lebt als freier Lektor und Autor in Heidelberg. Von 1992 bis 1997 war er leitender Redakteur der psychoanalytischen Fachzeitschrift «Psyche». In der Reihe «rowohlts monographien» veröffentlichte er 1987 den Band über Alexander Mitscherlich.

Quellennachweis der Abbildungen

Freud Museum, London: 2
Ullstein Bilderdienst, Berlin: 6, 43, 57, 102
A. W. Freud, by arrangement with Mark Paterson & Associates, Wivenhoe: 11, 14, 19, 24, 27, 29, 31, 44, 52, 55, 63, 71, 73, 75, 94, 95, 131
Bildarchiv Preußischer Kulturbesitz, Berlin: 13, 16
Österreichische Nationalbibliothek, Bildarchiv, Wien: 17, 40, 48, 66
The Scriptorium, Buyers, Sellers, Appraisers of Original Letters, Documents & Manuscripts of Famous People, Beverly Hills: 21
Roger-Viollet, Paris: 23, 61
Aus: Sigmund Freud: Zur Auffassung der Aphasien. Leipzig und Wien 1891: 26
Museo Nazionale, Neapel: 34
Dr. Ernst Federn, Wien: 41
Privatbesitz, New York: 49
Aus: C. G. Jung: Erinnerungen, Träume, Gedanken. Zürich, Stuttgart 1962: 50
Vatikanisches Museum, Rom: 58
Biblioteca Reale, Turin: 60
Sigmund Freud Collection, Manuscript Division, Library of Congress, Washington D. C.: 64, 85, 111
Fotosammlung des Österreichischen Kriegsarchivs, Wien: 67
Aus: «Imago», IV.1., 1915: 68
Aus: Sigmund Freud: Massenpsychologie und Ich-Analyse. Leipzig, Wien, Zürich 1921: 78
W. Ernest Freud, by arrangement with Mark Paterson & Associates, Wivenhoe: 81
The Estate of Anna Freud, by arrangement with Mark Paterson & Associates, Wivenhoe: 83
Internationale Bild-Agentur, Zürich: 86
Süddeutscher Verlag Bilderdienst, München: 90
Österreichisches Institut für Zeitgeschichte, Wien, Bildarchiv: 93
Franz Epping, by arrangement with Mark Paterson & Associates, Wivenhoe: 96
Dr. Helene Schur, New York: 97
Aus: Sigmund Freud: Der Mann Moses und die monotheistische Religion. Amsterdam 1939: 108
Aus: Theun de Vries: Spinoza. Reinbek 1970: 109
Aus: Karen Brecht u. a. (Hg.): «Hier geht das Leben auf eine sehr merkwürdige Weise weiter ...» Zur Geschichte der Psychoanalyse in Deutschland. 2. verb. Aufl. Hamburg 1985: 114 (Otto Jägersberg, Baden-Baden), 128
Aus: Rainer Funk: Erich Fromm. Reinbek 1983: 120
Brüder Grimm-Museum Kassel: 123
By Permission of the British Library, London: 129 (C39K15)